EPISODEN AUS SALZBURGS VERGANGENHEIT

sollen Dir, lieber Vater, einen
Teil Deiner Jugendjahre
in Erinnerung bringen.

Zu Deinem 90. Geburtstag
wünschen wir Dir vom Herzen
alles Gute und für die nächsten
Jahre noch beste Gesundheit.

Toni und Julia

Seekirchen, 16. Jänner 1982

NORA WATTEK

EPISODEN AUS SALZBURGS VERGANGENHEIT

GESCHICHTEN

Verlag
Alfred Winter

Titelbild:
Illustration zu »Todesanmeldung im Haus Getreidegasse Nr. 1«

Erste Auflage 1982
ISBN 3-85380-030-0
Copyright by Verlag Alfred Winter
Salzburg
Alle Rechte, auch auszugsweise, vorbehalten
Satz: Fotosatz-Studio Rizner
Druck, Bindung: Graphia Salzburg

Inhalt

Wegen Reliquiendiebstahls zum Einsiedler geworden 9
Streitaustragung ohne Advokaten 14
Gemischtes aus einem Tagebuch: 15
   Zwei Ochsenbilder 15
   Einzug des kaiserlichen Gesandten 15
   Schautorten 18
   Straßenreinigung in der Getreidegasse 18
Münzgeschichten 21
Das delikate Kammerkätzchen 25
Sigmund Haffner, Vater und Sohn 36
Jahre der Not 47
Tabak geraucht wird vor den Toren der Stadt! 53
Das Haydn-Nagel-Fest im Peterskeller 56
Salzburg empfängt die Braut des Kronprinzen 59
Wetterleuchten in Hellbrunn 65
Todesanmeldung im Haus Getreidegasse Nr. 1 72
Die »Zuflucht« im St.-Peter-Bezirk 75
Alte Bäume, die nicht mehr stehen: 79
   Die Wundertanne 79
   Die Eiche bei Hellbrunn 79
   Die alten Weiden beim Künstlerhaus 82
Der Vagabund 83
Der Überläufer 85
Der Bleistift 93
Die Bombardierung des Obersalzbergs 116
Der unvergeßliche Anblick 121
Die Heimkehr des Sohnes (1945) 128
Die weite Reise eines Salzburger Jagdbildes 145

Vorwort

Das erstaunliche Echo, welches die kurzen Geschichten aus der Vergangenheit Salzburgs gefunden haben*, berechtigt, diesen eine Fortsetzung zu geben. Wahrscheinlich kam die Kurzfassung der Erzählungen dem allgemeinen Zeitmangel entgegen, so daß auch Leser mit wenig geschichtlichem Interesse sie annahmen. Somit sei es noch einmal versucht, durch Schilderung kurzer Episoden Vorstellungsbehelfe vom Leben in der Stadt Salzburg in den verschiedensten Jahrhunderten zu geben. Vielleicht dienen sie dem einzelnen als Einführung, um einer geschichtlichen Zeitspanne näher zu treten.
Der Zweck dieser Erzählungen ist erfüllt, wenn sich der Einheimische der Begebenheiten in seiner Stadt bewußter wird und der »Zugroaste« – also der hier neu Eingepflanzte – sich dadurch der neuen Heimat verbunden fühlt.

Nora Wattek

* Nora Wattek, In Salzburg erzählt man... Geschichten. Salzburg, Verlag Alfred Winter (1980)

Wegen Reliquiendiebstahls zum Einsiedler geworden

Im rauhen Zeitalter um das Jahr 1000 soll sich laut Angaben in Klosterchroniken folgendes zugetragen haben:
Um diese Zeit war die uralte Kirche auf dem Nonnberg abgebrannt. Nun stand man vor der schweren Aufgabe, eine neue zu errichten. Da kam Hilfe von Kaiser Heinrich II., der das große Reich von 1002 – 1024 regierte. Dieser Herrscher, der Bamberg und viele Stifte gründete und dreimal mit seinem Heer über die Alpen nach Italien zog, hatte sich auf seinen vielen Feldzügen ein schmerzendes Leiden zugezogen. Durch das Tragen eines Fingerringes, in dem eine Reliquie der heiliggesprochenen, ersten Äbtissin dieses Klosters gefaßt war, wurde er aber alsbald davon geheilt. Als Dank spendete er dem Nonnberg seine goldenen Sporen, aus deren Erlös später der Gutshof Fladnitz erworben wurde. Als er aber beim Baden den Ring verlor, stellten sich die Schmerzen wieder ein. Daraufhin suchte er das Grab dieser Heiligen auf, um neue Hilfe zu erbitten. Da fand er aber die Klosterniederlassung in baufälligem Zustand und die Kirche durch Brand verwüstet. Er gewährte Hilfe, und so konnte mit dem Neubau begonnen werden, den man auf breiterem Platz und geräumiger errichtete.
Im Jahr 1009 soll er mit seiner Gemahlin, der Kaiserin Kunigunde, zur Einweihung des Baues wieder erschienen sein, was der Feierlichkeit sicher großes Gepränge gab und zu einem heute kaum vorstellbaren Ereignis wurde. Hatte er doch schon von seinem ersten Zug nach Italien die Reichskleinodien wieder nach Deutschland zurückgeholt. Beim zweiten Zug dorthin ließ er sich in Pavia mit der »Eisernen Krone« der Lombardei krönen. Seine edelsteinbesetzten Kleider wurden stets ehrfürchtigst bestaunt, und gar des Kaisers Mantel – von überirdischer Pracht – besonders verehrt. All seine Macht – die er zwar sowohl im Reich, als auch an allen Grenzen immer wieder verteidigen mußte – sammelte sich symbolhaft in seinem von Mystik umwobenen Schwert, das Schutz und oberstes Richteramt versinnbildlichte.

Nicht mindere Bestaunung erregten sicher auch Schmuck und Bekleidung der Kaiserin. Auch der große Reitertroß, der einen Kaiser begleitete, wird bei dieser Feier alle Inwohner herbeigeeilt haben lassen, um solch seltenen Aufzug, vom Stirnreif und goldgestickten Mantel bis zu den aufgeschirrten, kraftvollen Rössern, zu sehen.
Die Ausgestaltung der Kirche dürfte sich bis zum Jahr 1023 hingezogen haben, denn erst zu diesem Zeitpunkt wurden die Gebeine der Gründerin des Klosters von Erzbischof Hartwik in die neue Gruft übertragen. Die damalige Äbtissin des ältesten Nonnenklosters auf deutschem Boden hieß Wiradis. Abt von St. Peter war ihr Bruder, Mazelin. Dieser, der seinem Konvent bestens vorstand, konnte aber der Versuchung nicht widerstehen, sich bei dieser Übertragung heimlich eines Knöchelchens zu bemächtigen. Man weiß nicht, ob er dabei nur an sein eigenes Heil dachte, oder daran, sein Kloster an der Kraft des wunderwirkenden Gebeins teilhaben zu lassen. Da sich dieser Heilungssegen aber nur an Kranken auswirkte, konnte er sich an einem Gesunden – noch dazu von ihm auf unerlaubte Weise angeeignet – nur durch das Gegenteil auswirken, also durch Erkrankung. Alsbald erblindete Mazelin plötzlich. Daraufhin gestand er öffentlich sein Vergehen. Dabei gelobte er, so er das Augenlicht wieder erlangte, seine Abtwürde niederzulegen und sein künftiges Leben als Einsiedler in kargster Askese zu verbringen. Da er nun wirklich wieder sehend wurde, war er moralisch verpflichtet, das Gelübde einzuhalten.
Die in der Jetztzeit nicht mehr erfaßbare, ungeheure Bedeutung von Reliquienbesitz für das Ansehen eines Herrschers, einer Stadt oder Kirche veranlaßte nicht nur zu größten Ausgaben, um sie käuflich zu erwerben, sondern auch zu Kriegsführung, Raub und Überfällen. Denn bei der allgemeinen Unkenntnis über die Krankheitsursachen und das Auftreten furchtbarer Seuchen wie die Pest, weiters dem Im-Dunkeln-Tappen der wenigen Heilkundigen, lag alle Heilungsaussicht nur im tiefen und unbedingten Glauben an die Hilfe von Heiligen.
Sie waren es, die durch ihre Wundertaten bewiesen hatten, über eine Ausstrahlungskraft zu verfügen, welche die Allgemeinheit nicht besaß. Man sah sie die Naturgesetze überwinden und da-

Linea īperatoꝛ
Heinricus secūdus · kunegūdis

*Kaiser Heinrich II. und Kaiserin Kunigunde,
Holzschnitt, Schedel'sche Weltchronik*

durch über ihnen stehen. Die diesen heiliggesprochenen Patronen verliehenen Kräfte konnten aber nur durch die nahe und sichtbare Gegenwart ihres bei Lebzeiten mit besonderen Gaben ausgezeichneten Körpers auf den Hilfesuchenden wirken. In den Augen der Bittenden war jede Reliquienpartikel immer noch Träger übernatürlicher Kräfte. Der Wunsch nach Loslösung vom Gegenständlichen trat in der geistesgeschichtlichen Entwicklung des Menschen erst viel später auf. Die Abstrahierung wurde aber nie ein Anliegen der wenig Lesenden, also des einfachen Volkes.
Äbtissin Wiradis wird in der Überlieferung als äußerst streng geschildert, so daß sie öfters zu größerer Milde gemahnt werden mußte. Wahrscheinlich hatte deswegen ihr Bruder nicht gewagt, sie um eine Reliquienpartikel zu bitten.
Von lokalem Interesse ist, daß Abt Mazelin sich in eine Höhle auf dem Gaisberg zurückzog, um da als Eremit (Einsiedler) zu leben. Auf diesem Berg – »enthalb der Salzach« – wie es in der Chronik heißt, gibt es nur zwei Höhlen. Da die untere, im Aigner Park, erst 1787 zugänglich gemacht wurde, kommt als Aufenthalt für den Büßer Mazelin nur jene oberhalb der Zistel, am Klausen-(!)Kamm in Betracht. Daß dieser Kamm so heißt, kann durchaus im Zusammenhang mit einem sich hier in die Einsamkeit Zurückziehenden stehen, denn die alte deutsche Bezeichnung für Eremit ist Klausner. Das ist der Eingeschlossene, der sich selbst von der Welt Abschließende, Alleinwohnende; auch der in die Wüste Geflohene. Diese Form der Buße, die von Ägypten in unsere Länder kam, war dort wegen des warmen Klimas wesentlich leichter durchzuhalten. Als Erzvater aller Weltflüchtigen gilt der hl. Paulus Eremita. Ihm genügte eine Dattelpalme vor der Höhle (siehe das Altarbild in der Kreuzkapelle des Friedhofs von St. Peter), die ihn nicht nur ernährte, sondern durch ihre Bastfasern auch notdürftig mit einem Nesselgewebe bedeckte. Aus den Palmblättern konnte er sich eine Matte als Liege flechten. Die als Eremitennahrung stets angeführten getrockneten Heuschrecken sind sehr vitaminreich und in jenen Gegenden das ganze Jahr über zu finden, während die schneereichen Winter unserer Länder dies alles ausschließen. Die Einsiedlergeschichten unserer Gegenden berichten, daß sie sich von Beeren und Schwämmen ernährten. Das ist leider unmöglich,

Abt und Eremit, Holzschnitt, Schedel'sche Weltchronik

weil diese nur sommersüber zu finden sind. Es klingt aber sehr romantisch nach völlig unabhängiger Selbstverpflegung. Dem ehemaligen Abt brachte man aber sicher das Notwendigste vom Kloster hinauf in die 1005 m hoch gelegene Ganghöhle. Noch im selben Jahr, 1023, starb er da oben, wahrscheinlich an den Folgen der gänzlichen Umstellung seiner Lebensgewohnheiten.
Man legte Mazelin auf einen Wagen, den zwei Ochsen nach St. Peter ziehen sollten, um ihn da zu begraben. Nun taucht in der Legende das eigentlich Außerordentliche auf, denn das Gespann war nicht dorthin zu lenken. Immer wieder strebten die Zugtiere dem Nonnberg zu; so lange, bis man die Bemühungen aufgab und sie ihren Weg dorthin ziehen ließ. Beim Klostereingang blieben sie von selbst stehen.
Man nahm dieses Geschehen als Zeichen, daß die um ein Knöchelchen bestohlene hl. Erentrudis dies dem Büßer verziehen hätte, und begrub ihn im linken Seitenschiff, wo man auf dem Boden seine – zeitlich jüngere – Grabplatte sieht. Als man 1620 unter diesem Stein Nachschau hielt, fand man da das Skelett eines Mannes von ungewöhnlich hohem Wuchse.
Im Mai 1945 sollen die Frauen des »Zistel«-Wirtshauses in dieser Ganghöhle Zuflucht genommen haben.

Streitaustragung ohne Advokaten

Durch den Chronisten Johann Stainhauser, geb. 1567, wissen wir von einem Brauch, der auf erhitzte Gemüter wie ein Aderlaß wirkte und zugleich eine Volksbelustigung war.
Dieser Sekretär des Erzbischofs Wolf Dietrich hat nicht nur eine aufschlußreiche Lebensbeschreibung seines Herrn verfaßt, sondern auch viele Nachrichten über hiesigen Brauch und bauliche Veränderungen in der Stadt Salzburg hinterlassen.
Im Manuskript LL des Stiftsarchives zu St. Peter wird folgende behördlich geduldete öffentliche Schlägerei erwähnt:
»Am 17. September 1599 läuteten diesmal die Glocken der Pfarrkirche (Franziskanerkirche) die Freiung ein; bisher eröffnete sie das Geläute der Domkirche. Welches Läuten jährlich um (die) Abendzeit 5 Uhr beschiecht, so viel Volk auf den Frauenhof (Domplatz) versamblet und wer etwas gegen den anderen hat, mit truckenen Streichen die Sach austragen (knun).«
Das Läuten dauerte eine Stunde lang!...
Leider erwähnt Stainhauser nicht, wie alteingeführt dieser Brauch war. Auch nicht, ob mit diesen »trockenen« Streichen nur die Armkraft, oder auch die Verwendung von Holzknüppeln erlaubt war. »Trocken« besagt, daß nichts Scharfes, Schneidendes verwendet werden durfte, um Blutfließen zu verhindern. Diese Streitaustragung war sicher sehr volkstümlich. Man denke nur an die früher noch viel häufigeren sonntäglichen Wirtshausraufereien. Aufgestauter Ärger über den Nachbarn u.s.w. ersparte sich da hohe Prozeßkosten und Zeitaufwand bei Gerichtsverhandlungen. Von den Fenstern, die Sicht auf den Platz boten, mag es viel zum Schauen gegeben haben; nicht minder für die vielen Zuschauer auf dem Platz selbst. Darum war wohl dieser Brauch zu Beginn der Dult üblich geworden. Das Getümmel und Geschrei wird beachtlich gewesen sein, ebenso die Anzahl der blauen Beulen. Danach waren wohl alle Bader der Stadt bis in die Nacht voll beschäftigt.

Gemischtes aus einem Tagebuch

Stets findet sich ein Chronist, der einschneidende Ereignisse, wie Kriegsgeschehen, für die Nachwelt aufzeichnet, aber, ach, so selten geschah dies in betreff der alltäglichen Gegebenheiten. Das trifft auch für Salzburg zu. Eine kleine Hilfe ist das Tagebuch des Fr. Heinrich Pichler, das er von 1745–48 während seines Studiums an der hiesigen Universität führte. (Von Franz Martin auszugsweise in den Mitteilungen der Salzburger Landeskunde, Band 1937, wiedergegeben.) Diesem Diarium sind folgende drei Eintragungen, teils wörtlich, teils dem Sinn nach, entnommen.

Zwei Ochsenbilder

Durch ihn erfahren wir, daß um diese Zeit in einem Vor- oder Stiegenhaus des Residenzgebäudes zwei Bilder hingen, auf denen die scherzhafte Stierwascher-Anekdote dargestellt war. Sie zeigten je einen schwarzen und einen weißen Ochsen. Dazu vermerkt der Chronist: »Und das ist deren Salzburger Wappen, in dem sie den schwarzen Oxen haben weiß wollen machen«.

Einzug des kaiserlichen Gesandten:

Nach dem 1747 erfolgten Tode des Erzbischofs Jakob Ernst Graf von Liechtenstein mußte ein neuer Oberhirte gewählt werden. Das ging von alters her nicht ohne Kämpfe im Domkapitel ab. Ein Teil der Domkapitulare entstammte bayrischen Landen, andere altösterreichischen Familien. Auf sie stützten sich sowohl die Wittelsbacher als auch die Habsburger, um den ihnen genehmen Mann zum Regenten über das Erzstift einzusetzen, das in seiner zunehmenden politischen Machtlosigkeit zwischen diesen beiden viel größeren Ländern immerhin noch als souveräner Staat bestand. Um möglichen Einfluß und auch Druck bei der Wahl des neuen Erzbischofs ausüben zu können, sandte Wien den kaiserlichen Gesandten, Graf Schlick, nach Salzburg. Sein Einzug in die Residenz wird von dem im Spalier stehenden Tagebuchschreiber folgendermaßen festgehalten:

Am 23. August 1747

»Heunt um 10 Uhr sah ich den Einzug des kaiserlichen Gesandten. Erstlich fahreten zwei Wagen schwarz überzogen, ein jeder mit 6 Pferden bespannet, deren Geschirr alles schwarz war. Der Reitknecht auch und der Gutscher hatten ein jeder einen schwarzen Mantel und war also alles in tiefster Klag.« (Mit letzterem ist die Trauerkleidung gemeint.)
Der Abgesandte Wiens wird am Waagplatz abgeholt, wo sich die »Trinkstube« befand, damals Salzburgs repräsentativster Gasthof.
Von dort machte sich folgender Zug in die nahe »Residenz« auf: »Anfangs gingen des Gesandten seine zwei Läuffer in rother Livree,« (sie trugen stets Stöcke, mit denen sie Platz für die nachkommenden Kutschen oder Sänften machten. Fast immer waren es junge große Männer, die gut und ausdauernd laufen konnten. Ihre Stöcke trugen große Messingköpfe, die nachdrücklichst einen Weg freimachen konnten; waren doch Viehtriebe in der Stadt etwas Alltägliches. Ebenso waren es diese Vorläufer, die mit den Läufern des entgegenkommenden Gespannes in arge Händel gerieten. Dabei ging es nicht nach Fahrordnung, sondern das Vorfahrtsrecht hatte der ranghöhere Insasse! Warten und ausweichen mußte der sozial tiefer Stehende, was im Zweifelsfall von der Dienerschaft schlagfertig ausgetragen wurde...).
Der Tagebuchschreiber trägt dazu ein: »Hernach kamen seine (des Gesandten) vier Laqueyen in grauer Livree; endlich zwei schwarze Hoflaqueyen nach welchen der Wagen kombte, allwo dieser Graf Schlick gesessen und in eben diesen Wagen Baron Drücker, ein hiesiger Kammerherr, zurückgesessen. Zu diesen ersteren beiden Seiten seynd widerumb zwei Cammerlaquai gegangen. Drittens in den anderen zwei Wagen saßen die anderen, welche mit diesen Gesandten hierhergekommen.
Bei diesem Einzug schaueten die Domherren all in ihren Mozetten

Ausfahrt eines Erzbischofs aus der Residenz, Stich von Küsell, Ausschnitt

Stierwaschergruppe, Salzburger Museum C.A.

zum Fenster heraus. Die wach paradierte, doch ohne Riehrung der Dromel.«

Schautorten

30. November 1747
»In Festo S. Andrae wurde der Namenstag des Fürsten (Andreas Jakob Graf von Dietrichstein) hochfeyerlich celebriert. Wir schauten die offene Tafel (an) und sahen schöne Beschautorten, welche alle unterschiedliche Jagdbarkeiten vorstellten, weillen der Fürst ein Liebhaber vom Jagen ist.«
Das dickleibige Salzburger Kochbuch von Conrad Hagger von 1719, das mit lehrreichen Kupferstichen reich ausgestattet ist, zeigt nicht nur kunstvolle Aufbauten auf Pasteten, Sülzen usw., sondern auch in großer Vielfalt wahre architektonische Meisterwerke der Verzierung von Schautorten. Nicht daß diese nur zum Anschauen so kunstvoll aus Fragant, gesponnenem Zucker, gefärbten Mandeln und Marzipan aufgebaut wurden, sie wurden sehr wohl verzehrt. Sie gehörten zu einem Schauessen, das bei »offener« Tafel auch von nicht Geladenen besichtigt werden konnte. Vieles stand da auf der großen Anrichte mit stufenförmigem Aufbau, vergleichbar dem auf ebenen Tischen gezeigten kalten Buffet der Jetztzeit. Zwischen diesen Schaugerichten standen prunkvolle Pokale. Das Ganze hatte eben einen fürstlichen Eindruck zu machen. Meist wurde das Mahl bei solchen Gelegenheiten im Kaisersaal eingenommen, der damals noch rot tapeziert war. Trompetenstöße leiteten die Auftragung des ersten Ganges ein. Ein Fürst mußte damals bei üppiger Tafel sitzen – auch wenn er magenleidend war. Man lese die »Diätmahlzeiten«, welche der Philippine Welser von den Innsbrucker Hofärzten verschrieben wurden, um sie von ihrem Magenleiden zu befreien – was schnell und sicher zu ihrem Tod führte!

Straßenreinigung in der Getreidegasse

»Alle Samstag Früh und an den Vorabenden der hohen Feste, wird die Tregassen (Getreidegasse) von dem Almfluß ausgekehrt; bleibt noch Gestank übrig«, schreibt er in sein Tagebuch. Leider

»Zugerichter Drat zu dem Hirschen, Reh und Gembs«,
Stich, aus Conrad Haggers »Neues Satzburgisches Koch-Buch«, 1719

berichtet er nicht, wie das technisch bewerkstelligt wurde. Wohl fließt auch heute noch ein Almkanalseitenarm unter dem Hof des Hauses Getreidegasse 21 durch, aber damals kannte man noch keine gummierten Schläuche. Vielleicht leitete man das Almwasser durch eingeschobene Holzgerinne in die Getreidegasse. Einmal in der Woche hatte es da all das wegzuschwemmen, was auf der Straße lag und zum nicht geringsten Teil durch die Fenster auf sie hinuntergeworfen und geleert wurde. Die Senkgruben wurden bei Dunkelheit von den »Nachtkönigen« geleert; das waren Bauern der Umgebung, die damit ihre Felder netzten.
Offenbar waren die Menschen diese ständige penetrante Geruchsbelästigung gewöhnt und konnten trotzdem, wie Mozart, himmlische Tonfolgen komponieren.

Münzgeschichten

Wer Goldmünzen um ihres Goldwertes willen sammelt, ist kein eigentlicher Münzensammler, denn dieser betrachtet liebevoll mit der Lupe die Feinheiten der Prägung. Auch versucht er, ihre Entstehungsgeschichte herauszufinden.
Zu den beliebtesten Sammelgebieten der Numismatiker gehören die Münzen Salzburgs. Sie wurden ca. zwischen den Jahren 1500–1800 geprägt. Zwar hatte Salzburg als souveräner Staat schon seit 996 das Münzrecht, aber die aus der Frühzeit stammenden Friesacher Brakteaten sind sehr dünn und nicht sehr ansehnlich. Erst mit Erzbischof Leonhard v. Keutschach beginnt die Reihe der weltweit gesuchten Salzburger Münzen jedes hierzulande regierenden geistlichen Fürsten.
Nicht nur die Schönheit und Vielfalt ihrer Ausführung verhalf ihnen zu diesem Sammlerinteresse, sondern auch die Überschaubarkeit als Ganzes. Bei einem Land wie Deutschland, das in viele münzprägende Kleinstaaten geteilt war, ist das nicht erreichbar.
Nie vor Leonhard v. Keutschach und nie nach ihm gaben Salzburgs Berge so großen »Bergsegen« an Gold und Silber. Kaiser Maximilian I., der sich nur zu oft von ihm Geld ausleihen mußte, sagte später von ihm, »er habe ihn nicht aussäckeln können«, während er den Nachfolger, Kardinal Matthäus Lang, »nicht habe ersättigen können«.
Die Reihe der sagenhaften Taler, von denen jeder Sammler träumt, die er aber nie zu Gesicht bekommt, beginnt mit dem »Rübentaler« des Keutschachers, der die Jahreszahl 1504 trägt. Man weiß nur von sechs echten Stücken; alle anderen »Rübentaler« sind Fälschungen, obwohl auch diese im Handel nicht mehr auftauchen.
Sein Nachfolger, der auf der Festung von den Bauern belagerte Matthäus Lang v. Wellenburg, ließ außer Geldmünzen 1522 auch eine Gedenkmünze prägen, nämlich auf die Fertigstellung der Zisterne auf der Festung Hohensalzburg. Auf der Vorderseite zeigt

sie sein Porträt. Die Rückseite trägt die Gedenkschrift auf das Ereignis, nämlich durch das mühevolle Ausstemmen eines tiefen Schachtes im Felsen die Burg nun mit Wasser versorgt zu wissen.
Erzbischof Johann Jakob Kuen-Belasy ließ ca. im Jahr 1565 einen achtfachen Dukaten in Gold prägen, der aber dann nicht ausgegeben werden durfte. Aber einige Exemplare verschleichen sich da immer schon vorher! Aus unerfindlichen Gründen zeigt nämlich dieser Dukaten ober dem Wappen des Erzstiftes und jenem des Landesherren den *Reichsapfel*! Daß eine solche, nur in ganz wenigen Stücken auf uns gekommene Münze zu den größten Seltenheiten gehört, versteht sich von selbst. Der Verwendungszweck solcher goldener Prägungen war gleich dem eines Ordens. Er wurde für besondere Verdienste überreicht, konnte aber auch von Privaten erworben werden, um ihn als wertbeständiges Geschenk zu vergeben.
Wolf Dietrichs bekannter »Turmtaler« – seine Erstprägung erfolgte 1593 – war ebenfalls kein Zahlgeld, sondern eine Art Draufgabe zum Sold für jene Soldaten, die im Salzburger Kontingent gegen die Türkei gekämpft hatten. Jeder einzelne konnte ihn als Trophäe aufbewahren oder in Getränk umsetzen. Dieser Taler zeigt einen trotzbietenden Turm, der, von Wolken umgeben, aus diesen strahlenförmig angeblasen wird.
Viel Unmut und möglicherweise auch Mißverständnis erregte die goldene Medaille, die Erzbischof Leopold Anton Graf v. Firmian prägen ließ. Sie zeigte auf dem Avers sein Porträt, auf dem Revers eine Sonnenuhr. (Er war großer Liebhaber komplizierter Uhren und mathematischer Instrumente.) Über der Sonnenuhr liest man: »Me sol« (mich die Sonne), aber unter ihr steht: »Vos umbra regit« (Euch regiert der Schatten), – ein Text, den man sowohl auf die Sonnenuhr selbst beziehen kann, als auch auf das ihn leitende katholische Glaubensbekenntnis als Gegensatz zum protestantischen, dessen Austragung das einschneidendste Geschehen seiner Regierungszeit war.
Die vielfältigsten Talerprägungen bringt die Zeitspanne von 1754 – 1771 unter Erzbischof Sigismund Graf Schrattenbach.
Die Feinheit der Ausführung und der Einfallsreichtum heben sie über andere zeitgenössische Taler hinaus. Der Bergsegen war ver-

Rübentaler

Turmtaler

siegt und das Erzstift stark verschuldet, aber Vater und Sohn Matzenkopf waren phantasiereiche und treffliche Stempelschneider. Mozarts Jugendzeit fällt in diese Zeitspanne, die auch ihn mit Einfallsreichtum beschenkte.
Auch der letzte regierende Erzbischof von Salzburg, Hieronymus Graf Colloredo, mußte 1790 einen seiner Taler wieder einschmelzen lassen. Denn auf ihm wurde das Wappen des Erzstiftes von zwei stehenden Löwen gehalten, was den Churfürsten von Bayern sofort zum Einschreiten veranlaßte. Das zeigt, daß Bayern die wappenhaltenden Löwen ausschließlich als seine Krafttiere beanspruchte. Obwohl dieser »Löwentaler« nie zur Ausgabe kam, sollen sich irgendwo versteckt – bei schweigsamen Sammlern – noch acht Stück erhalten haben. Ihr Erwerb erforderte nicht nur das Wissen um ihre große Seltenheit, sondern auch ein bedeutend längeres Auflauern als auf lebende Löwen bei einer Safari!
Es ist nicht Aufgabe noch Möglichkeit, in einer ganz kurzen Besprechung die große Vielfalt und das hohe Niveau der Salzburger Münzprägungen zu beschreiben.
Im Archiv des Erzstiftes St. Peter befindet sich eine kleine Sammlung von Aquarellen, darunter die Darstellung eines Altsalzburgischen Amtsraumes. Er befand sich in der »Münze«. Also dort, wo zwischen dem Schleifer-Tor und der Griesgasse und dem ebenfalls abgerissenen Pfarrhof von St. Blasius (jetzt Münzgasse) die Herstellung des Salzburger Geldes stattfand. Der unter den Gebäuden durchfließende Zweig des Almkanals betrieb dort aufgestellte Prägemaschinen. Das dargestellte »Büro« vermittelt einen rührend altväterlichen Eindruck. An den Wänden sieht man noch die Porträts der damals schon verstorbenen Landesfürsten hängen: Offenbar war es nicht üblich, das Bild des abgeschiedenen Landesherrn sofort abzuhängen, was von Treue und Verbundenheit zeugt. Man entdeckt auch das damals übliche Stehpult für den Buchhalter und die stets in grüner Farbe verwendeten Vorhänge.
Der ganze Raum strömt Ruhe aus. Da schrillte noch nicht unaufhörlich das Telefon. Das langsame Gekratze der Schreibfeder erzeugte nicht jene nervöse Eile, die vom Schreibmaschinengeklapper ausgelöst wird.

Das delikate Kammerkätzchen

Briefe gewöhnlicher Sterblicher bleiben fast nie der Nachwelt erhalten, was immer sie berichten. Allein der Briefwechsel der Familie Mozart zeigt, wieviel kulturhistorisch Interessantes ihm, außer dem in diesem Falle musikgeschichtlich Bedeutsamen, zu entnehmen ist.
Leopold Mozart, der seiner Frau und dem Sohn stets allen Stadtklatsch berichtet, schreibt ihnen im Juni 1778 folgende Neuigkeit aus Salzburg:*
»Ihr wisset, daß der Obersthofmeister (Graf Laktanz Firmian) die Gilovsky Katherl, Kammerjungfer mit seiner altväterlichen Liebe immer verfolgt hat. Auf seine Protektion stolz, war sie mit der Gräfin sehr grob. Der Hofrat Gilovsky nahm sie weg und gab sie zur Frau von Enk in Kost. Sie fand (aber) immer Gelegenheit mit ihrem alten Coridon zusammen zu kommen, welcher nun, um seine Stunden in der Leopoldscron recht vergnügt zuzubringen, mit dem Verwalter Anckner eine Heirat stiftet. Die Sache ist richtig, bis auf die Ankunft des hochfürstlichen Hofrat, der in München ist; dann soll gleich Hochzeit sein. Vielleicht hat er etwas einzuwenden. – Die Gräfin wird saure Gesichter machen! Wie gefällt Euch der dicke, bürgerlich-bäurische, starke Ankner und das delikate Kammerkätzchen zusammen? Er ist stark genug Hirschgeweih von 16 Enden zu tragen.« – Ankner ist Schloßverwalter in Leopoldskron. Dieser Bericht entspricht ganz unseren Vorstellungen vom Leben in einem Schloß im Zeitalter des Rokoko. Zu diesem Zeitpunkt war der Obersthofmeister Graf Laktanz Firmian (geb. 1712) 66 Jahre alt. Mamsell Katherl hatte erst 25 Lenze gesehen. (Sie ist nicht zu verwechseln mit ihrer gleichnamigen Cousine, die als Freundin der Nannerl Mozart im Briefwechsel sehr oft erwähnt wird.) Zweieinhalb Monate nach diesen Glossen in Leopold Mozarts Brief findet am 1. September 1778 die Trauung dieses Paares in der Schloßkapelle von Leopoldskron statt und wird in der betreffenden Matrik des Pfarramtes Nonntal eingetragen. Si-

mon Ankner ist der Sohn eines Hutmannes in der Schmelzhütte zu Kössen in Tirol. Die wohledel geborene Braut Catharina ist die Tochter des Franz Anton Gilovsky von Urazowa, hochfürstl. Truchseß und Kammerfourier, und der Catharina Gschwendtner (beide schon gestorben).
Zeugen sind Wenzelaus Gilowsky v. Urazowa, hochfürstl. Titular, Kammerdiener und bürgerlicher Barbierer in der Stadt, und Felix Leist am Eisenkammer und Drahtzug in der Riedenburg. In der nicht öffentlichen Schloßkapelle wurden sie vom Kurator getraut. Daß bei dieser Zusammengebung außer dem Schloßherrn auch jemand von seiner Familie anwesend war, ist kaum anzunehmen.
Über die programmierte Ehe der Katherl erfahren wir nichts weiter, als daß ihr zwei Kinder entsprossen. Ankner stirbt 1802; seine Frau 1809. Viel mehr wissen wir über Graf Firmian, denn er war kein x-beliebiger Schloßherr.
Das 54 Meter lange, dreistöckige Schloß Leopoldskron wurde in der Zeit von 1736 – 38 von Erzbischof Leopold Anton Freiherrn v. Firmian erbaut und später zum Fideikommißbesitz der Firmianschen Familie bestimmt und seinem Neffen Laktanz übergeben, der mit Maximiliana Gräfin Lodron verheiratet war. Drei Söhne und sechs Töchter entstammten dieser Ehe. Das Schloß wurde bestens mit Marmorkaminen und reich stukkierten Decken ausgestattet; ihm auch Grund bis zum Untersberg beigegeben. Eine der vielen Übergabsklauseln schrieb aber vor, jedes Jahr an der Urbarmachung der »Wilden Erde« – wie das dortige Moos bezeichnet wurde – weiterzuarbeiten.
Laktanz Firmian bekleidete das Amt eines Obersthofmeisters. Somit unterstand ihm am Salzburger Hof auch die Musik. Also hatte er die Kirchenmusik und die musikalischen Vorträge bei Hof zu lenken. Wenn nicht kleinere Singspiele vorgetragen wurden, saß abends die Hofgesellschaft beim Kartenspiel, mit angenehmer Klangkulisse aus dem Nebenraum.
Der Obersthofmeister scheint W. A. Mozart sehr zugetan gewesen zu sein, denn in einem Brief berichtet ihm sein Vater am 4. X. 1777 folgendes: »Er liebt Dich von Herzen und ehe er die Historie erfahren hatte«, (dabei wird auf die erfolgte Kündigung Wolfgang Amadeus' durch Erzbischof Colloredo angespielt, die wegen sei-

Das »Kammerkätzchen«: Catharina v. Gylofsky

ner wiederholten gigantischen Urlaubsüberschreitungen verfügt wurde) »hatte Laktanz Firmian vier Pferde gekauft und sich auf das Vergnügen gefreut, welches Du haben wirst, wenn er mit vier Reitpferden ankommt. Da er nun die Sache erfahren hat, war sein Verdruß unaussprechlich. Als er dem Erzbischof seine Aufwartung machte, sagte solcher zu ihm: ›Jetzt haben wir eine Person weniger bei der Musik.‹ Firmian antwortete ihm: ›Euer hochfürstliche Gnaden haben einen großen Virtuosen verloren!‹ ›Warum?‹ fragt der Fürst. Worauf ihm Firmian antwortet: ›Er ist der größte Klavierspieler, den ich in meinem Leben gehört habe.‹«
Was aber Graf Laktanz Firmian weit über seine Tätigkeit als Obersthofmeister stellte, war die enzyklopädische Weite seiner Interessensgebiete. Die Aufzählung der Sachgebiete seiner längst zerstreuten Bibliothek gibt darüber Aufschluß. Folgende Geistesgebiete waren da vertreten: solche philosophischen, geographischen, chemischen, chirurgischen, biblischen, moralischen, politischen, ökonomischen, statistischen, historischen Inhalts, aber auch solche von juristischen, satirischen Gebieten; ferner Forst- und Jagdwesen betreffende; auch Werke der Klassiker, Lexika, Dictionnaires und Grammatiken; über Tiere und Botanisches, Reisebeschreibungen und Biographien; über Architektur, Mal-, Zeichen- und Schreibkunst. Er selbst war ein guter Zeichner und begabter Maler, der sich mit den besten Beispielen der Malkunst umgab, aber auch mit Plastik der Antike, ob im Original oder als Abguß, die er nach Leopoldskron brachte. Das im Salzburger Landesarchiv vorhandene Inventar dieser wahrscheinlich größten privaten Gemäldesammlung des Reiches kann man nur mit größter Betrübnis durchlesen, denn was infolge der unter der bairischen Herrschaft, 1812, erfolgten Aufhebung der Fideikommiß-Gesetze dann verkauft werden konnte, ist ein unermeßlicher Verlust für das Land gewesen. Um sich einen Begriff von der erstrangigen Genialität dieser aus 571 Bildern bestehenden Sammlung machen zu können, genügt es, nur einige der berühmtesten Malernamen anzuführen, wie: Tizian, Rembrandt, Palmavecchio, Cranach, Guido Reni, Veronese, Luca Giordano, Jordaens, Momper, Honthorst, Coypel, Poussin, Rottmayr, Solimena, Pannini, Hamilton etc. Nicht minder bekannte Namen vereinigt die unglaubliche Sammlung von

Graf Laktanz Firmian, Stich, Selbstportrait

304 Selbstporträts. Von diesen werden im Inventar nur zwei als »unbekannt« angeführt. Somit waren alle anderen signiert! Auch von dieser Spezial-Kollektion seien nur die berühmtesten Namen aufgezählt. So gab es da ein Selbstbildnis von Michelangelo Buonarotti, von Giacomo Bassano, Petrus Bruegel, des Annibale Carracci, des Pietro da Cortona, des van Dyck, Holbein, Jordaens, Veronese, Bocksperger, des Raffael (im Original und eine Kopie), des Schönfeld, Tiepolo, Tintoretto u.s.w. Man liest noch von 43 großen Behältnissen voll Kupferstichen und Zeichnungen. Wenn dieses Verzeichnis der hier ehemals vorhandenen Gemälde international besser bekannt wäre, könnte vielfach der Aufenthalt weltbekannter Bilder, wenigstens im 18. Jahrhundert, geklärt werden. Zwar findet man in diesem Verzeichnis keinen Hinweis, wo er diese schon damals berühmten Bilder erworben oder durch Vermittler hatte aufkaufen lassen. Sicher stammte vieles aus Südtirol, denn dieses Gebiet ist mit Schlössern und Ansitzen reich bestückt. Und die Firmian waren mit allen dort Begüterten verschwägert. Im obersten Stockwerk des Schlosses war die Sammlung von 470 ausgestopften seltenen Vögeln aufgestellt, im Nebensaal die rarsten Säugetiere und ein Krokodil.
Als Obersthofmeister stand L. Firmian stets im Zentrum der Empfänge. Dementsprechend ist seine Garderobe überaus reichhaltig. Da sie im Nachlaß-Inventar genau beschrieben und ihr Wert von einem Schneider angeführt ist, kann man sich über sie ein gutes Bild machen. Zuerst werden die gold- und silberdurchwirkten Galaröcke und Beinkleider angeführt, zuletzt die jagdliche Bekleidung und 20 Jagdhemden. Da liest man von einer farblich ungemein abwechslungsreichen Vielfalt der Anzüge; von brokatenen Schlafröcken, zwölf Schlafhauben und Frisiermänteln (die den Haarpuder abzuhalten hatten). Ohne die Schlafzimmergarderobe werden da 84 Posten aufgezählt. Alle diese »Mannskleider« zeigen feine Durchdachtheit der Farbwahl, auch wenn es sich nur um den dazupassenden seidenen Futterstoff handelt; oder ob man am Rock gewirkte, silberne oder goldene Börtchen als Einfassung verwendete, glatte oder gestickte Westen wählte. Nach den stark protokollbedingten Umgangsformen jener Zeit war ein den Umständen angepaßter Kleiderwechsel ein unbedingtes Erfordernis. Vier

seiner Töchter hatte er standesgemäß (dieses Wort kommt in seinem Testament sehr oft vor) an die bekanntesten Söhne gräflicher Tiroler Familien verheiratet. Viermal war demnach eine große Hochzeit zu feiern.
Als Beispiel seiner Mannskleidung sei folgendes vorgeführt:
Ein olivfarbenes Kleid von Moiré mit silbernen Borten und blauseidenem Futter, samt Weste und Beinkleidern auf 60 fl geschätzt. Ein violettfarbenes, mit Gold durchwirktes Kleid samt Weste und Beinkleid ist auf 40 fl geschätzt. Auch ein weißtaftener Domino mit Visiermaske und Handschuhen ist aufgezählt, was auf abgehaltene maskierte Karnevalsfeste hinweist. Weiters sei noch ein »Kaiser Augen blaues Kleid von Zeug, samt gleicher Weste, besetzt mit gleichfarbenen Quasteln« angeführt, auf 8 fl geschätzt. (Diese Farbbezeichnung ist ein Hinweis, daß die oft benützte Redensart nicht erst durch Kaiser Franz Josefs blaue Augen aufkam.)
Im reichen Silberinventar werden auch zwei silberne Knäufe, »auf Läuferstöcken« und zwei Kasket-Schilder mit gräflich Fimianschen Wappen angeführt, was davon berichtet, daß der Herrschafts-Kalesche zwei lungen- und beinstarke Läufer voranliefen, die auf dem hohen Metallschild ihrer Mütze das Wappen ihrer Herrschaft zeigten und unter dem viehtreibenden Volk mit ihrem Stocke Platz für die nachfolgende Karosse oder Sänfte zu machen hatten.
Gereist wurde viel, besonders in ihre Heimat Südtirol. Dazu findet sich im Nachlaß die Beschreibung dreier reichst mit Silbergerät und Porzellan ausgestatteter Reisekoffer, die das Necessaire enthielten. Im Schloß bediente man sich des Wiener Porzellans, trank aber die Schokolade aus Nymphenburger Galerieschalen. Es werden aber auch 136 Stück chinesisches Porzellan angeführt, wie Teller, Schüsseln und Kummen, die wohl als Wandzierde in Verwendung standen. Es würde zu weit führen, auch die Einrichtung des Schlosses zu besprechen. In bezug auf den Splendor ist das Schlafzimmer der Gemahlin Maximiliana interessant. In ihrem Testament von 1787 wird folgende Einrichtung erwähnt:
Da stand ein grün damastenes, aufgerichtetes Bett (also mit Baldachin), desgleichen Sessel, zwei Hockerl, ein Nachtzeug-Sessel und ein Kanapee. Es war also ganz in der Art eines Repräsentations-

Schlafraumes in »Residenz«-Format ausgestattet. Von den Kleingegenständen sei ein »Zupftruherl« aus Achat mit vergoldeter Fassung erwähnt. Die damals übliche »standesgemäße« Beschäftigung für ältere Damen war das Zerzupfen von Brokatstoffresten. Bei dieser Tätigkeit tauchten wohl ungestört alte Erinnerungen auf. Aber in ihrer Verlassenschaft findet sich auch ein Gewehrkasten mit mehreren Gewehren.
Von den vielen kulturhistorisch erwähnenswerten Dingen sei noch eines nicht mehr bestehenden Pavillons gedacht, den die Schreiberin noch in den »Zehner«-Jahren oft auf der »Musikinsel« des Leopoldskroner Weihers betrat. War er doch im Winter schnell über die Eisdecke erreichbar oder im Sommer durch Kahnfahrt.
Aller Zauber eines nicht lebenswichtigen, verspielten Baues aus dem 18. Jahrhundert war ihm eigen, vermehrt durch den wehmütigen Reiz des Ruinösen; denn er war dem Verfall preisgegeben. Mit Ende des 1. Weltkrieges waren auch die letzten seiner Pfosten verschwunden. In der Österreichischen Kunst-Topographie vom Jahre 1916 wird sein beklagenswerter Zustand noch beschrieben. Dieser achtseitige Inselpavillon mit seinem ebensovielseitigen Schindeldach (Zeltdach) hatte vier Eingänge und vier von Vasen bekrönte Fenster. Innen war er aufs reizendste ausgemalt. Von der Decke hing noch eine verrostete Rokoko-Laterne. Er war ein Relikt aus der Zeit, wo es noch kein Arbeitsethos gab, sondern alle Künstler darin wetteiferten, den Eintretenden in den Zustand der Schwerelosigkeit Elysiens zu entrücken. Begab man sich auf diese Insel, so fühlte man sich in eine andere Welt versetzt. Dazu half der Halbschatten der auf ihr stehenden uralten Bäume; auch das Glucksen des rundum anschlagenden Wassers und der unzertretene Grasboden. Im Inneren des Lusthauses durchzog ein feines Netzwerk von Sprüngen das elegant gemalte Laubgeranke und Spalierwerk. Amoretten, die nur den vergnüglichsten Tätigkeiten des Lebens nachgingen, flogen bänderhaltend am blauen Himmel der Decke. Sie musizierten, brachten Blumen herbei, hielten eine Eule am Band, um die sie umkreisenden Vögel zu beobachten, oder schwebten mit grünen Sonnenschirmen herab; vielleicht weil im Dach schon Löcher waren. An lauen Sommerabenden war der Pavillon der geeignetste Ort, um Serenaden zu hören; dafür spricht

der Name »Musikinsel«. In leichten Nachen ließ man sich da vom Schloß aus zur Insel im Weiher rudern, den Alleen, Wäldchen und Wiesen säumten. Kein ähnliches Beispiel eines Baues von solch leichter Eleganz aus der Mitte des 18. Jahrhunderts, also jenem Zeitabschnitt, in dem Mozart geboren wurde (1756), hat sich im Lande erhalten. Nichts geschah zu seiner Rettung oder wenigstens fotografischen Festhaltung.
Es gab da aber noch eine zweite Insel, auf der Kaninchen gehalten wurden. Ihr Unterstand glich einem mit Türmchen versehenen Schwanenhaus, das die Weiherfläche optisch belebte. Den Beobachter belustigte das possierliche Treiben der Hasen, das stets sichtbar blieb, da Kaninchen nicht ins Wasser springen und wegen des hohen Wasserstandes auch keine Gänge graben konnten. Aber zweimal am Tag mußte per Kahn dort Gras abgeladen werden. Sie selbst endeten meistens im Kochtopf für die Jagdhunde. Dies alles zeugt vom damaligen fürstlichen Lebensstil in Leopoldskron.
76jährig starb Graf Laktanz Firmian im Jahre 1786 in Nogaredo (bei Rovereto). Sein Testament ist in italienischer Sprache abgefaßt und nur von Standesherrn als Zeugen gesiegelt. Ein 1775 in Salzburg deutsch geschriebenes Vermächtnis ist nur von hiesigen Großkaufleuten wie Zezi, Spängler usw. mit deren Siegeln versehen, was nicht ohne weiteres erklärlich ist. In seinem letzten Willen findet man Legate an alle seine Angestellten, an die Armen in Kronmetz – seinem Geburtsort im Stammschloß der Firmian – und an die Hausarmen seiner Hofmark Leopoldskron. Weiters an jene, die sich schämten, betteln zu gehen.
In der Kirche von Villa Lagarina steht in der »Rupertus«-Kapelle, dem Ort des Erbbegräbnisses der Grafen Lodron, sein Grabmal mit seiner zu Unrecht nicht beachteten vorzüglichen Porträtbüste – möglicherweise ein Werk des Bildhauers Joseph Mattersberger (geb. 1754), den er sichtlich schätzte und von dem er eine Zeichnung anfertigte. Mattersberger arbeitete, nachdem er in Salzburg bei Johann Hagenauer studiert hatte, in Mailand, St. Petersburg und Dresden. Seine Büsten von Kant und Iffland sind bekannt.
Übrigens waren Schloß und Wirtschaftshof von Leopoldskron die ersten Gebäude in Salzburg, die mit einem Blitzableiter versehen

wurden. Diese »Wetterstrahl«-Ableitung hatte der Benediktiner Prof. Beck, tätig an der hiesigen Universität, entworfen.
Von seinem sorglosen Sohn Leopold, der im Jahre 1828 starb, wurden des öfteren Bilder verliehen. Zum Teil stellte man sie nicht mehr zurück oder man unterschob Kopien. 1837 verkaufte sein Schwiegersohn Leopoldskron an den Schießstattwirt, der die Kaufsumme sofort durch Veräußerung der Einrichtung hereinbringen wollte. Er ließ auch die kunstvoll eingelegten Parkettböden herausreißen und ersetzte sie durch weiche Bretter. Die Plastikensammlung der Antike, ob Original oder Abguß, wurde zu Gipsmehl zerstampft. Ohne Unterschied verkaufte er jedes Gemälde zum Preis von vier Gulden. Später fand man dann auch in einem Schutthaufen in Radeck (bei Lengfelden) über 200 Kreidezeichnungen aus der Hand von Laktanz Firmian. Viele davon befinden sich jetzt im Besitz des Museums C.A. und der Universitäts-Bibliothek in Innsbruck (Sammlung Roschmann).
Sammlungen entstehen und werden wieder aufgelöst. Dieses Schicksal traf sowohl die alten Tempelplätze als auch die Tesaurare der Wallfahrtsorte; aber auch die bestvergitterten Schatzkammern der Fürsten, deren Inhalt in Kriegszeiten verpfändet oder zu Bargeld eingeschmolzen wurde. Plündernde Sieger taten das Übrige. Jedem Todesfall eines Sammlers folgt die Erbteilung, der Verkauf oder die Versteigerung. Dadurch fließen die Gegenstände wieder in den Kreislauf, wenn sie nicht durch Unverstand vernichtet werden.
Die Gründung von »Leopoldskron«, die den Zweck hatte, den Glanz der Familie des Regierenden zu vermehren, ist gleich der Ausstattung des Baues ein typisches Beispiel aus dem 18. Jahrhundert. Durch den brieflichen Hinweis auf die Verheiratung des »delikaten Kammerkätzchens« gewinnt das Leben im Schloß an zeitgenössischer Farbe.
Beaumarchais hat 1784 in seiner Komödie »La folle journée« die Verwicklung durch ähnliche Verhältnisse auf die Bühne gebracht. Ganz Paris war von dem Stück entzückt; ebenso der französische Hof, der das gefährliche Grollen darin ignorierte. Schon ein halbes Jahr später sollte »Ein toller Tag« auch in Wien aufgeführt werden, aber Kaiser Josef II. verbot die aufrührerische, stark gesell-

schaftskritische Komödie. Daraufhin entschärfte da Ponte den Text, und W.A. Mozart komponierte in der unvorstellbar kurzen Zeit von sechs Wochen die Musik dazu. Nun als Oper, mit dem Titel »Die Hochzeit des Figaro«, wurde das Werk wieder in Wien angeboten und durfte auch aufgeführt werden.
Wohl liegen fast sechs Jahre zwischen dem Griff des »Compositeurs« nach diesem Libretto und dem Erhalt des Briefes von seinem Vater, in dem dieser über die Vorgänge im Schloß Leopoldskron berichtet, aber ein möglicher Zusammenhang scheint da nicht ausgeschlossen. Zumindest liegt ein Erinnern an die ihm bestens bekannten Akteure in Salzburg nahe.

---

* Aus Lud. Schiedemair »Die Briefe der Mozart«, Band II, S. 49, Verlag Georg Müller 1914.

Sigmund Haffner,
Vater und Sohn

Alle Salzburger sind schon unzählige Male durch die Sigmund-Haffner-Gasse gegangen, vordem Kirchengasse genannt. Wenige werden darüber nachgedacht haben, warum sie diesen Namen trägt.
Viele Wege gibt es, um der Ehre teilhaftig zu werden, den eigenen Namen auf ein Straßenschild zu heben; aber immer ist es eine Auszeichnung für besondere Leistungen. In diesem Falle waren es die enormen Legate, die der 31 Jahre alte Sigmund Haffner jun. seiner Vaterstadt vermachte. Um ihm dafür ein ehrendes Gedenken zu geben, wählte man den wohlfeileren Weg der Straßenumbenennung statt jenem eines Denkmales. Der Erblasser wurde zu seiner Zeit vielgepriesen, nicht so sehr aber von seiner Verwandtschaft; denn die florierende Firma, die das viele Geld eingebracht hatte, verblutete dann langsam an der Auszahlung der Legate, obwohl dies nur schrittweise geschehen konnte, aber das Betriebskapital wurde dadurch schwerstens angegriffen.
Das Handelshaus Haffner war eine »Factorei«, somit eine Firma, die keinen Detailverkauf betreibt, sondern als Agentur Waren vermittelt, Speditionen übernimmt und Geldwechsel betreibt. Niederlassungen im Ausland ermöglichten das. Durch eine Factorei wurden alle Aufträge übernommen, auch solche wie die Beschaffung einer Koloratursängerin oder eines Sängers mit Kastratenstimme für hiesige musikalische Aufführungen. In der Sigmund-Haffner-Gasse Nr. 6 befand sich die »Zentrale«, die jetzt noch ihr schönes steinernes Portal zeigt.
Der Vater des größten Wohltäters der Stadt Salzburg kam aus Jenbach (geb. 1699). Er heiratete hier zweimal und immer die Tochter sehr wohlhabender, hier ansässiger Kaufleute. Dieser Umstand und seine Fähigkeit brachten sein Handelshaus rasch zu großer Blüte. 1733 ist er bereits »Bürger« und, obwohl »Zuagroaster«, von 1768–1772 Bürgermeister geworden. In den letzten Jahren seines Lebens gab es viel Not in der Stadt zu lindern, denn 1771

S. Haffner sen.

und 1772 folgten einander nördlich der Alpen außergewöhnliche Mißernten. Im Land Salzburg fiel im Sommer so viel Schnee, daß einige Tausend Schafe umkamen. Vordem hatte das Schaff Weizen 28 Gulden gekostet. Durch den Ausfall der Ernte stieg der Preis auf 55 Gulden. Für das Schaff Korn war er von 24 auf 45 Gulden geklettert. Da eine Hungersnot drohte, mußte für die Bevölkerung erschwingliches Brot auf den Markt gebracht werden. Die Behörden beschlossen, Getreide in Italien und Ungarn zu kaufen. Es mußte aber bar bezahlt werden. Das dazu nötige Geld fehlte in der landesfürstlichen und auch in der städtischen Kasse. Da streckte Sig. Haffner sen. 200.000 Gulden vor und verzichtete auf Verzinsung. Man kaufte das Getreide in Triest; bis es über den Tauern nach Salzburg gekarrt war, kostete alles zusammen 300.000 fl Ganz ohne Vorteil ging es aber für das Handelshaus Haffner doch nicht ab, denn es erhielt 1772 das Privilegium, vom Firmen-Kapital nur für 26.000 fl versteuert zu werden, weil diese Firma auch künftig nützlich sein könnte!... Schon 1747 hatte er dem Erzbischof Andreas Jakob Graf von Dietrichstein das Geld zur Bezahlung der päpstlichen Taxen anläßlich seiner Wahl vorgestreckt.

Reich ausgestattet, heiratete jede seiner fünf Töchter einen der vermögendsten Kaufmannssöhne der Stadt wie Triendl, Weiser, Atzwanger, Wallner und Späth. Zur Vermählung letzterer komponierte Mozart die »Haffner-Serenade«. Auch ein Schwiegersohn und ein Enkel wurden später zu Bürgermeistern gewählt. Am Beispiel dieser Großkaufmanns-Familie sieht man, wie durch Einheiraten förmlich ein »Trust« aufgebaut wurde. Die vierte Tochter, Appolonia, hatte Andreas Wallner geheiratet. Er war zwar kein Salzburger, aber Sohn eines vermögenden Spielwaren-Großhändlers aus Berchtesgaden. Er besaß das Haus Brodgasse 3, in dem er den Spezereienhandel betrieb. Als er später (nach 1800) bei nahender Inflation Kleingeld hamsterte, um ihr dadurch auszuweichen, kam es zu einem Volksauflauf mit Steinwürfen auf sein Geschäft. Sigmund Haffner senior wurde am 30. September 1756 ein Sohn, Sigmund, geboren. Er erbte mit 16 Jahren das blühende Handelshaus, zahlreichen Hausbesitz und ein prächtiges Landhaus mit großem Garten gegenüber dem Kloster Loretto, das aber 1818 beim großen Stadtbrand vernichtet wurde.

Dieser einzige Sohn »Sigerl« war aber von schwächlichem Körperbau und kränkelte häufig. Wieder sind es nur die Briefe Vater Mozarts, die uns Privates aus seinem Leben übermitteln, denn sein berühmter Sohn kam im selben Jahr wie »Sigerl« auf die Welt. Freundschaft verband sie. 1777 steuert der Handelsherr 100 fl zur Finanzierung der Reise der beiden Wunderkinder Mozart nach Paris bei. Wie immer wird in den Briefen des Vaters auch über alle Herzensangelegenheiten der Bekannten berichtet. Die dazu geschriebenen Bemerkungen sind nie hochgestochen, sondern von herzerfrischend natürlicher Beurteilung. So berichtet Vater Mozart folgendes nach Paris: »Der Sigerl Hafner will das Schloß Seeburg bei Seekirchen kaufen, um seinem Kuchlramml immer nahe zu sein. Er trage die Absicht die Köchin des verstorbenen Obersten Baron Prankh zu heiraten.« (Oberst Prankh fiel einem Schlaganfall zum Opfer, als er sich eben an der Spitze des Salzburger Truppenkontingentes vor dem Mirabellschloß vom Landesfürsten verabschiedete, um nach Freiburg im Breisgau abzumarschieren. Sein Tod – er stürzte vom Pferd – löste größte Unsicherheit bei der Truppe aus, so daß viele desertierten.) Vater Mozart beschreibt die Köchin – den Kuchlramml – folgendermaßen: »Ein abscheulich schwarzes Mensch mit einem mageren, großaugeten Affengesicht, die man nach Prankhs Tod wegen übler Hauswirtschaft fortgejagt habe. Sie galt alles beim Obersten. Der einfältige Hafner Sigerl wird sie also wegen ihrer Keuschheit heiraten. Ihr könnt Euch leicht vorstellen, daß die Herren Schwager und die ganze löbliche stolze Kaufmannschaft darüber sehr aufgebracht ist. Sie vermuten er habe nun nicht aus seinem Stande, sondern eine »Gschopfete« vom Lande geheiratet.« Mutter Mozart muß über diese Neuigkeit herzlich lachen. Denn sie kenne das Mensch gut, weil es oft die Dienstmädchen der Mozart besuchte. »Sie sieht nur alt aus,« schreibt sie zurück, »weil sie beim Obersten ist strapaziert worden. Wenn der Sigerl sie geheirat hat, so hat er eine charmante Partie getroffen. Er hat keine Ursache mit ihr zu eifern, denn es verliebt sich gewiß kein Mensch in sie.« Da aber Sigerl noch unter Vormundschaft steht, muß er noch drei Jahre warten; indessen könne sich aber noch vieles ändern, da das Gerede in der Stadt und die Schwäger gegen diese Heirat seien. Leopold Mozart berichtet später, daß »Sigerls Verstand vom Narrenliebe-Nebel« frei und heiter sei; denn er habe ernstlich über seine Liebeshistorie nachgedacht, die Sache überlegt und von dieser Bekanntschaft sehr nachgelassen. Anna Maria stammte aus Uttendorf im Innviertel und hielt sich bei ihrer Schwester in Drum (Obertrum) auf. Aus dem Kaufe des Schlosses Seeburg wurde nichts, und er schloß auch keine andere Heirat. Im Brief vom Jänner 1787 schreibt Vater Mozart an seine Tochter in St. Gilgen, daß der schon sehr kranke Sigerl, der die Geschäftsleitung ganz seinem Schwager A. Triendl überläßt, »oft zum Sterben melankolisch sei«. In seinem Testament fällt dann jene höchste Summe von 40.000 fl auf, die er unter den vielen anderen Posten, die weit geringer dotiert sind, der Ausstattung armer Bürgermädchen zukommen läßt.

Mit 26 Jahren tritt Sig. Haffner als Adelswerber auf. Kaiser Josef II. erhebt ihn in den Reichsritterstand mit dem Prädikat »Edler von Imbachhausen«. In gekürzter Form sei die im Adels-Diplom erhaltene Begründung der Nobilitierung angeführt: »In Anbetracht sein Vater als Großhändler sich um das allgemeine Wohl und der blühenden Aufrechterhaltung des Kommerztums im ganzen Reich, als auch im auswärtigen Reichen bestens verdient gemacht und mit solcher Geschick- und Redlichkeit getrieben habe, daß sein Handlungshaus als eines der berühmtesten in Deutschland angesehen worden ist. Welch löblichen Beispiele seines Vaters er unverrückt gefolgt ist und sich durch göttlichen Segen ein ansehnliches Vermögen erworben hat.« Da sieht man auch im Wappen den Anker, das Kaufmannszeichen, sowohl daselbst als auch als Helmzier angebracht. Er zeigt, daß gewinnbringender Handel, der hohe Spenden ermöglichte, oft mit einfacher Nobilitierung belohnt wurde. Zum Anlaß dieser Adelsstanderhebung komponierte W. A. Mozart die »Haffner-Symphonie« in nur 14 Tagen.

Schon zu seinen Lebzeiten bietet die Lebensform des nun Geadelten durch alle Nachrichten, die wir über ihn haben, das typische Bild des nach fünf Schwestern nachgeborenen, einzigen Sohnes, der auf dem Erworbenen des Vaters ausruht und dem weiteren Erwerb wenig Interesse entgegenbringt. Schon zu Lebzeiten ist er ein großer Wohltäter der Witwen und Waisen. Er übernimmt Stipendien für Studenten, Künstler und Handwerker und fühlt eine echte Verpflichtung, bei Katastrophen zu helfen. Nach dem Spruch »Nach dem Mehrer kommt der Zehrer« richtet er sich sein Landhaus in der Lorettogasse (jetzt Paris-Lodron-Straße) prunkvoll ein. Anhand der in seinem Testament angesetzten Pensionen liest man von 14 Hausangestellten, die er sich im Stadt- und im Landhaus hielt; nicht gerechnet die Hausknechte, die in der Firma arbeiteten. Er reitet gerne aus, mit Vorliebe nach Stanzinghof (Glasenbach), hält sich einen Reitknecht und Stallbuben, aber auch einen Kutscher. In einem Kreis von Freunden führt er gerne lange philosophische Gespräche. Das Im-Kontor-Sitzen und Disponieren überläßt er zum Wohle der Firma seinem viel älteren Schwager, Anton Triendl, der dann auch gegen die ungeheure Last der durch das Vermächtnis auszufolhenden Summe von 770.000 Gulden* in einer Eingabe schreibt:

»Daß S. Haffner nur mir (A. Triendl) allein die gemachte Erhausung zu verdanken habe, da ihm nicht unbekannt war, daß er sein ererbtes väterliches Erbe mit seinem kostbaren Aufwand beinahe consumiert habe und dadurch der gemeinschaftlichen Handlung nicht wenig geschadet habe; weswegen er mir vermutlich das gebührende Universalerbteil zugedacht hat. Wäre ich mit der Betreibung der Handlung so untätig gewesen, wie verschwenderisch der Verstorbene war, welcher Vermächtnisse würden sich wohl alle zu vertrösten haben?...«

Sigmund Haffner verfaßt schon im Frühjahr 1787 ein Testament wegen seiner abnehmenden Kräfte. Am 24. Juni dieses Jahres stirbt er in seinem Landhaus an der Auszehrung. Diesen Sammelbegriff »Auszehrung« gab die wohl sehr rückständige ärztliche Erkenntnis dem Erscheinungsbild der völligen Abmagerung und des Kräfteverfalles, deren Ursache in einem Krebsleiden, Diabetes, Lungenleiden etc. gelegen sein könnte.

Sehr besorgt scheint er um sein Seelenheil gewesen zu sein, denn er wünschte sich das Übermaß von 1000 Seelenmessen à 30 Kreuzer, die für ihn in verschiedenen Kirchen gelesen werden sollten. 2000 Gulden setzte er für seine »Funeralien« aus, an denen sicher ganz

Salzburg teilnahm. Umsomehr als er jedem seiner Tauf- und Firmpatenkinder einen Dukaten (Goldmünze) auf die Hand zusagte; ebenso allen anwesenden Stadtarmen. Er wurde in den Arkaden des St.-Peters-Friedhofes beigesetzt. In seinem Testament streute er die außerordentliche Summe von über 400.000 fl an Wohltätigkeit über Salzburg aus!
Man liest da, wie reich aber unterschiedlich seine Schwestern und deren Kinder bedacht werden. Manch Einzel-Legat ist in der Bemessung der Höhe jetzt nicht mehr erklärlich. Es fällt auf, daß er des Compositeurs W. A. Mozart nicht gedachte, obwohl ihm dessen chronischer Geldmangel sicher bekannt war, bestimmt aber auch dessen Abneigung gegen Salzburg und seine Unfähigkeit, mit Geld haushalten zu können. Die fortwährenden gigantischen Urlaubsüberschreitungen, die Mozart seine Stelle am Salzburger Hof kosteten, hätten ihm, wo immer er angestellt gewesen wäre, unausweichlich auch dort die Kündigung gebracht und wurden in Salzburg viel besprochen. Ohne Zweifel war im Laufe der Zeit zwischen den seit Kindheit Befreundeten eine Verstimmung eingetreten, die vielleicht durch Geldausleihen entstand.

Merkwürdig ist, daß er seinen Nachbarinnen, den »Loretorinnen«, nur 5000 fl vermacht, dagegen den »Ursulinerinnen« 25.000!
Wie vorauszusehen, wurde dieses Testament von den Verwandten des Erblassers angefochten, bis nach schweren Kämpfen einige Erleichterungen kamen; besonders dort, wo er sich tatsächlich verrechnet hatte. Den Aufzeichnungen Dr. Breitingers entnehme ich folgende Eingabe an die Hofratskanzlei, die sein Schwager und Geschäftsführer, A. Triendl, einreichte. »Wahrscheinlich ist, daß sich mein seliger Schwager bei der Bestimmung seines Vermögens zu einer Zeit, wo sein Gedächtnis durch anhaltende Krankheit schon sehr geschwächt war, entweder im Kalkül überrechnet hat. So hat er seine prächtige Behausung und die darin befindliche kostbare Einrichtung nach den daraufverwendeten Geldsummen angeschlagen, ohne dabei zu erwägen, daß weder dieser Anschlag bei der Inventur zur Grundlage genommen (werden kann), noch auch mir die Belastung dieses prachtvollen Hauses, bei Hinauszah-

lung seiner Legate zugemutet werden kann. Umsoweniger ein solches Lustgebäude (es stand an der Stelle von Paris-Lodron-Straße Nr. 5, auch Faberstr. 2), zu dessen Unterhalt jährlich einige 100 Gulden erfordert werden, mit *meiner* Standes- und *Denkungsart* übereinstimmt.« Um wenigstens das Grundstück für die Familie erhalten zu können, läßt er schon dreiviertel Jahre später die ganze luxuriöse Einrichtung öffentlich versteigern. Da werden nun die Wäsche und Bekleidung des Verstorbenen ausgerufen, die Bett- und Tafelwäsche, seine Kleinodien und Silbergeschmeide, Mannsrüstung (?), Möbel, Spiegel und Luster (Hangleuchter), Hausfahrnisse, Malereien (Bilder), Porzellan, Betten und 10 Limoni- und Pomeranzenbäume in Kübeln, die den Garten zierten und seit der Barockzeit unbedingt zu einem Lustgarten gehörten.

Zu dem Areal dieses Landhauses gehörten noch ein Wagenschupfen, ein Reitstall, ein Glashaus und ein großer Garten, der sich über den des ehemaligen »Pachtahauses« in der Schranngengasse und bis über den Kasernplatz erstreckte; samt dem vor einigen Jahren abgerissenen »Adlstöckl«, das ein Mansardendach trug und in dessen Restgarten noch die uralte Eibe stand. Es stand genau gegenüber dem »Dorotheum«. Gegen Westen grenzte dieser sicher luxuriöse Landsitz, der beim großen Stadtbrand 1818 vernichtet wurde, an den Lodronischen Sekundogenitur-Gebäude-Komplex mit Garten; heute Hotel Krebs mit Zugebäuden. Gegen Norden erhob sich da der im 30jährigen Krieg errichtete Stadtwall, und dahinter lag das Gebiet von Froschheim mit einigen Landhäusern und Bauerngehöften...

Wenn der einzige Namensträger stirbt, somit seine verheirateten Schwestern den Familienhausrat erben, verliert sich bei den einzelnen Stücken meist schon in der dritten Generation die Kenntnis ihrer Herkunft. Nur bei Schmuck überliefert sich dieses Wissen besser – vielleicht, weil man seiner nicht alle Tage ansichtig wird.

Die Familien, in die die Töchter Sig. Haffners sen. einheirateten, sind, wenn nicht ausgestorben, so nicht mehr hier ansässig. Ihre Häuser sind verkauft und die Einrichtung der Wohnungen zerstreut. Das Museum C.A. wurde 1944 zum Großteil durch Bombenabwürfe zerstört; damit verbrannten die Belege der eingegangenen Geschenke von Hausrat aus Alt-Salzburger Familienbesitz.

Dadurch ist ein Studium des hiesigen bürgerlichen Möbels so erschwert. Verdienstvollerweise hat Oberlandesgerichtsrat Roll zwei sehr repräsentative barocke Aufsatzkästen, die im Erbweg aus Haffnerschem Besitz auf ihn kamen, samt dem barocken Spiegel dem Mozartmuseum vermacht, um da ein stilgerechtes Interieur aus jener Zeit zeigen zu können, das dann leider trotz eines vor fünf Jahren angebotenen, ebenfalls aus Haffnerschem Besitz stammenden, prachtvollen Barockkastens nicht damit ergänzt wurde.

Erhalten hat sich aus Haffnerschem Besitz eine Smaragd-Garnitur im originalen roten Saffian-Etui. Die aus erster Ehe stammende Maria Anna Haffner hatte sie als Ausstattungsgut zu ihrer Ehe mit Anton Triendl bekommen. Sie heiratete am 7. November 1755. Der Schmuck ging an ihre Tochter über, die 1785 den »Associé« (Gesellschafter) der Haffnerischen Factorei, Georg Fendt, heiratete. Dann erbte ihn sein Sohn, Major Fendt, Besitzer des Hauses »Alter Markt Nr. 11 und Sig.-Haffner-Gasse 5«. Er vererbte ihn seiner Tochter Anna, verheiratet mit Dr. Carl Weber. Deren Sohn, Universitäts-Professor in Graz, Dr. Friedrich Weber, starb kinderlos. Dadurch kam der Schmuck an seine Nichte, die aber nicht mehr Trägerin des Haffnerschen Blutes ist.

Die dunkelgrünen, fehlerfreien Smaragde sind von bester Qualität. Die Fassung entspricht genau dem damaligen Geschmack aus der Mitte des 18. Jahrhunderts. Leider fehlen die kleinere Brosche und die Verlängerung der Ohrringe, die man nur zu besonderen Anlässen einhängte. Auch einer der beiden Ringe ging am Anfang dieses Jahrhunderts verloren, als er sich in der Waschmuschel eines Münchner Hotels durch die Abflußöffnung empfahl und seither in der Isar treibt. Aber der Negativabdruck der verlorenen Teile ist im Etui noch deutlich erkennbar.

Bevor sich auch die Kenntnis der Herkunft dieses aus Alt-Salzburger Besitz stammenden Schmuckes verliert, sei er wenigstens hier im Bilde festgehalten. Denn eine sehr ähnliche, aber mit Rubinen besetzte Garnitur sah die Schreiberin noch vor ein paar Jahrzehnten bei einer Nachkommin jener Haffner Tochter, Marie Therese, die den Franz X. Weiser heiratete. Auch er war ein Kaufmann und Besitzer des jetzigen Sparkassengebäudes am Alten Markt. Auch

Sigmund Hafner, von Imbachshausen
heil. röm. Reichs-Ritter
30. Septbr. 1786   gestor. 24 Juny 1787

Milde Vermächtnisse.	Gulden
Dem Armen-Institut, wenn es zu Stande kommt	30.000
Den beiden Waisenhäusern	20.000
Dem Bürger-Säckel	20.000
Der Stadtalmosenkasse	20.000
Dem Johannsspitale	15.000
Dem Bürgerspitale	20.000
Dem Bruderhause	15.000
Dem Leprosenhause	15.000
Dem Liebesbunde	1.000
Zur Universität den armen Studenten	8.000
Den Normalschulen	12.000
Für die Hausarmen	25.000
Zur Ausstattung armer Bürgermädchen	40.000
Für Auferziehung der bürgerlichen Jugend	10.000
Dem Gebährhause, wenn eines zu Stande kommt	12.000
Den Ursulinerinen	20.000
Den Loretorinen	5.000
Den 3 Stadtkaplaneien	15.000
Den 3 Klöstern, Kajetaner, Kapuziner, Franziskaner	6.000

Profane Legate:

	Gulden
Zur Bestreitung der jährlichen Reichniß für Dienstleute, worin der Armen-Säckel substituiert ist, ein Kapital zu 3 Prozent mit	95.000
Der Häuserin Hiertinn jährlich	200
Der Köchin "	50
Der Helferin "	30
Der Köchin im Hafnerischen Hause in der Kirchgasse	50
Der Köchin im Hause bei Loreto	50
Der Magd Kaltnerinn	20
Der Magd Enzenbergerinn	20
Den zwei Oberhausknechten, jedem 50 Gulden	100
Den zwei Unterhausknechten, jedem 30 Gulden	60
Dem Kammerdiener monatlich lebens	40
Dem Lakay "	20
Dem Jäger "	20

S. Haffner jun., Vermächtnisse (Ausschnitt)

Die Smaragd-Garnitur im Saffian-Etui

in diesem Falle erbte eine Nichte den Schmuck. Mit ihr kam die Rubin-Garnitur nach England.
Märchen enden meistens mit dem Schlußsatz: »Und wenn er nicht gestorben ist, dann lebt er heute noch.«

* Siehe: Franz v. Lospichl, Die Familien Haffner und Triendl, herausgegeben von der Kammer der gewerblichen Wirtschaft in Salzburg, 1970, S. 30.

Jahre der Not

In kurzer Reihenfolge seien die Ursachen der würgenden Not aufgezählt, die in Salzburg am Anfang des vorigen Jahrhunderts herrschte.
Der fünfmalige Regimewechsel, dem das Land unterworfen wurde, kostete ihn nicht nur seine Selbständigkeit, sondern auch fast die gesamte Substanz seines beweglichen Kunstbesitzes. Dieser kam als selbstverständliche Beute nach Paris, München, Florenz und Wien. Gerade im letzteren Fall scheute man sich nicht, sogar die seidenen Wandbespannungen der Residenzräume abzuziehen. Wien verlangte 1816 eine genaue Liste aller noch hier befindlichen Kunstwerke, um beurteilen zu können, *was würdig sei* (!) in die kaiserlichen Sammlungen aufgenommen zu werden! Für die dorthin abgeführten wertvollen Objekte erhielt man hier keinen Groschen. Unter zahllosen anderen Gegenständen liest man in den Übergabslisten allein von 60 kostbaren Gefäßen aus Bergkristall. Das Land Salzburg war durch die im Jahre 1800 einmarschierten Franzosen und durch die furchtbare Kriegskontribution finanziell völlig ausgeblutet. Binnen 25 Tagen mußten 2,750.000 Gulden an sie abgeliefert werden. Bauern und Bürger, Klöster und die Kirche mußten da ungeheure Opfer bringen. Wie viele der beiläufig 180.000 Einwohner des Landes waren aber Bergbauern, die, fast bargeldlos, nur ihre Familie ernähren konnten! Auch sie mußten beisteuern, denn es wurden noch 500 Ochsen, 8000 Säcke Hafer, 15.000 Zentner Äpfel und Birnen, fast gleichviel Weizen und Korn verlangt – auch 10.000 Kandl Branntwein! – und Unmengen von Heu für die Pferde der Franzosen. Dazu mußten noch 6000 Uniformröcke und 6000 Paar Schuhe binnen 15 Tagen geliefert werden. Dem Lande wurde das Letzte erpreßt, um die entfesselte Kriegsmaschinerie Napoleons zu ölen. Nur durch das Einschmelzen des sich in Kirchen- und Privatbesitz befindlichen Silbers und Anleihen von auswärts gelang es, die ungeheure Summe zusammenzubringen. Aber die halbe Stadt war auch brotlos geworden,

weil es nun keine Hofhaltung mehr gab. Die immer wieder einziehenden fremden Truppen und Pferde wurden zwangsweise einquartiert und fraßen ohne irgendwelche Entschädigung die Quartiergeber kahl. Den Einzelnen traf es existenzbedrohend durch das Fehlen aller Geldliquidität bei den Ämtern. Da gab es auch kein Geld für Witwen- und Waisenunterstützung. Die Zeit unter der bairischen Herrschaft dürfte diesbezüglich die einschnürendste gewesen sein. Ein Hinweis auf das Darben Tausender erweckt meist beim Leser keine Vorstellung. Erst wenn ihm die Not in überschaubarem Ausmaß geschildert wird, kann er sie mitfühlen. Daher sei der Niedergang der Familie des Dr. Franz Niederl v. Aichegg, der bis zu tiefster Armut geht, gleichnishaft hier angeführt.

Vater und Bruder dieses Arztes waren Inhaber der Apotheke in der Getreidegasse. 1750 wird Niederl als 31jähriger wegen seiner Verdienste um das Soldatenkrankenhaus auf der Festung ausgezeichnet. 1755 wird er Landschafts-Physikus – was einem jetzigen Landessanitätsdirektor entspricht. Als solcher stellt er auch Gutachten über Heilquellen im Lande aus. In Badgastein lernt er Leopold Mozart kennen, dessen Frau dort die Kur gebraucht. Von da ab verbindet sie große Freundschaft. Dr. Niederl kauft eine Landwirtschaft in Mülln und baut das Haus Strubergasse 16 (jetzt unbewohnt, ohne Hausnummer und von zwei Pappeln flankiert). Von Erzbischof Sigismund v. Schrattenbach erhält er die Bestätigung seines Adelsbriefes, der seinen Vorfahren 1651 in Graz verliehen wurde. Er ist ein angesehener und wohlhabender Mann.

Aber 1773 muß der 54jährige wegen eines Steinleidens nach Wien gebracht werden, um sich operieren zu lassen. Vater Mozart ist damals gerade in Wien und berichtet genauestens über das Weitere. So schreibt er am 8. September: »Gestern Mittag ist Niederl hier angekommen. Es sind eine Menge Medici die ihn besuchen und alles was nach Chyrurgie, Medizin und Apotheken riecht, wird sich versammeln. Gott wolle auch darunter sein, denn sonst wird alle Hilfe fruchtlos sein. Der Stein ist zwar nicht groß, aber spitzig, folglich äußerst schmerzhaft.« Am nächsten Tag findet die Operation in Gegenwart aller Handwerksverständigen statt und so glücklich, daß in eineinhalb Minuten (!) alles vorbei ist. Fast hat es den

Anschein, daß auch Vater Mozart dabei anwesend war; denn er beschreibt den Stein, den er in die Hand nimmt und der von der Größe einer Welschen Nuß ist. Auch daß der Patient nicht das mindeste böse Zeichen zeigte. Aber als er ihn am nächsten Tag besuchen will, findet er ihn bereits tot und die Leichenwäscher mit ihm beschäftigt. Das unerwartete »Spectacul« des toten Körpers seines Freundes legt sich ihm so sehr aufs Gemüt, daß er tagelang nicht schlafen kann. Auch versucht er die vollkommen taube Witwe des Verstorbenen zu trösten, die fast rasend vor Schmerz ist. Ausführlich, wie seine Briefe immer sind, bringt er auch seine Bedenken in betreff der Gesundheit der Salzburger vor: »Ich habe mit ganz Salzburg Ursache, wegen dem nun zweiten Verlust eines Salzburger Medici traurig zu sein. Ein anderer (Arzt) der nachkommt, muß viele in die Ewigkeit schicken, bis er die Natur einer Nation (Bevölkerung) und das Clima kennt« – an dem offenbar auch Vater Mozart einiges auszusetzen hatte. Am Schluß teilt er noch mit, daß die Witwe ihren 14jährigen Sohn in Wien lassen müsse, da von einer gehörlosen Mutter keine gute Erziehung zu erhoffen sei. Der damals 17jährige Wolfgang A. Mozart, der die Aufregung um den Tod eines Freundes seines Vaters miterlebte, schreibt in seinem lebhaft sprudelnden Stil – der sicher auch seiner mündlichen Ausdrucksweise entsprach – als Nachsatz im Brief seines Vaters: »Der Tod des Dr. Niederl hat uns sehr betrübt, wir haben schier geweint, gebleert, gerehrt und trenzt.« (– trenzen ist die alte Bezeichnung für die von der brennenden Kerze abrinnenden Tropfen, die auch für das Tränenvergießen gebraucht wird.)
Einen Monat vor seinem Tod hat der Verewigte sein Testament verfaßt, das im Salzburger Landesarchiv liegt. Aus der Feder eines Arztes klingt die Einleitung bezüglich der menschlichen Gesundheit und Lebensdauer besonders pessimistisch.
Seine Frau, von deren untadeliger Hauswirtschaft er überzeugt war, bestimmte er zur Universalerbin. Sein Sohn bekommt den Pflichtteil. Er bestimmt auch, daß seine Frau von niemandem zu einem Verkauf der Hausfahrnisse angehalten werden dürfe. Maria Chunegunda v. Niederl, geb. Hauck, stirbt im Jahr 1780 an der Wassersucht, 72 Jahre alt, und wird in St. Sebastian begraben.

Der Sohn Carl hat inzwischen geheiratet und verwaltet seinen Ansitz in Mülln. Erst 1811 findet sich im Landesarchiv wieder eine Anmerkung über diese Familie, bezeichnenderweise in Form des folgenden Bittgesuches. Inzwischen waren aber ganz Salzburg ins Elend geraten und die Behörden von Unterstützungsbitten überschwemmt worden.
Salzburg, am 11. November 1811:
»Königlich bayrisches Generalcommissariat des Salzach-Kreises:
Alleruntertänigste Bitte um Unterstützung
Gedrängt von Mißgeschick und Elend wage ich meine alleruntertänigste Bitte um Unterstützung vorzutragen und um die hohe Gnade zu flehen, meine Beweggründe hochgnädigst anzunehmen:
a) In einem Zeitraum von 10 Jahren ward ich immer mit Einquartierungen belegt; vom Feind geplündert und soweit herabgekommen, daß ich Haus und Hof verlassen mußte und nun schon lange ohne ein bestimmtes Einkommen zu haben, meine Frau und meinen Sohn im Elend darben sehen muß.
b) Wir haben keine Kleidung und können selten ein Hemd wechseln. Zins zahlen ist uns unmöglich und wo nehme ich für den Winter Holz her?
c) Viele Abende gibt es, wo meine Familie *ungegessen zur Ruhe geht,* ohne eine Aussicht, einen besseren Morgen zu haben. Einer hochwürdigen Erhörung meiner alleruntertänigsten Bitte empfehle ich mich mit tiefster Ehrfurcht.

Alleruntertänigst bittender
Carl v. Niederl«

Salzburg, am 2. Jänner 1812
Die Kreisadministration der Stiftung berichtet:
»Carl v. Niederl, von hier gebürtiger Arztensohn, verehelicht und mit einem Kind versehen. Er lebte mit seiner Familie von den Erträgnissen seines Gutes außerhalb Mülln, das noch seinen Namen führt. Das im Gefolge des Krieges mitziehende Unglück ergriff ihn im Jahre 1800 sehr hart, Plünderung raubte ihm aus dem Hause, was nicht flüchtete und der Einquartierungen wegen nicht flüchten konnte. Sein Garten und die Anbaugründe der Entlegenheit we-

gen, die die retirierenden und vorrückenden Truppen, das diese begleitende Fuhrwerk und Artillerie zerstörten. Des Nutzens von seinem Gute beraubt, mußte er noch weiters unter der Last der Einquartierungen seufzen. Sein Wohlstand war nun dahin. Mit fremdem Gelde mußte er nun schon die Einquartierungen decken und die Herstellung seines Gutes bestreiten. Die Unfälle von 1800 erneuerte der Krieg von 1805. Niederl wurde ganz niedergedrückt und mußte dann bettelarm sein Gut den Gläubigern überlassen. Er versuchte zwar oft wieder in Dienste zu kommen. Allein die Organisationen konnten nicht einmal den vorhandenen Bediensteten Plätze anweisen, Niederl mußte daher immer durchfallen.
In dieser Lage mußte er mit seiner Familie, um den Hungertod zu entfernen, notdürftigst aus der gemeinsamen Almosenkassa unterstützt werden und wird ihn diese auch noch weiter unterstützen müssen. Allein in die Länge wird hiezu die durch die Zeitverhältnisse eingeengte Kraft dieser Kasse nicht zureichen und ihm bei vorkommender Gelegenheit ein Dienst, z.B. als Kanzleiboten oder Deconoms-Stelle bei einer Stiftung verliehen werden müssen.«
Die Antwort der Behörde lautet:
»Durch den Bericht vom 2.ten allhier den C. v. Niederl betreff, ist weder die Erwerbsunfähigkeit desselben hergestellt, welche ihn zur Unterstützung aus dem Armenfond qualificierte, noch desselben Gesuch bestimmt erhoben und ausgedrückt. Derselbe ist daher zur Arbeit anzuweisen.
Actum Salzburg 9.X.1813«

»Im Schloßmetzgerhaus im Wartlstein (Mülln) über 1. Stiege: Auf gestern gemachte Anzeige, daß Marianne v. Niederl, geb. Bermayerin, vorgestern nachts um 11 Uhr in ihrem 59. Jahre an der *Auszehrung* verschieden ist, begab man sich in obige Wohnung, um über den Nachlaß derselben die geeigneten Aufschlüsse zu erheben. Man frug die Hutmacherstochter Elisabeth Weißin, welche ebenerdig wohnt, weil Carl v. Niederl nicht anwesend war, die angab, nicht zu wissen, ob der Verstorbenen außer einem schlechten Bette und 2 Strohsäcken, einer schlechten Tuchent, 1 langen Polster und 2 schlechten Kissen und 1 Paar Leintücher noch etwas von

den wenigen übrigen Geräten gehöre. Es wurden auch keine Heiratspacte und sonstige Urkunden vorgefunden.«
Die Begräbniskosten werden vom gemeinen Almosen bestritten. Man begab sich dann zum Viertlmeister Freysleben, welcher angab, daß die Verstorbene wöchentlich 45 x (Kreuzer) vom gemeinen Almosen bei 2 Jahre hindurch erhielt und von diesen den Mietzins von jährlich 20 fl (Gulden) bezahlte und den 21jährigen Sohn mit Kleidung unterstützte. Der Witwer Carl v. Niederl von Aichegg erhält Kost von den Augustinern. Das Bett und die Kleidung habe die Verblichene vor einem Jahr von einem Wohltäter erhalten. Hiemit wird diese Erinnerung geschlossen und von Freysleben unterzeichnet.
Im April 1814 bittet Carl v. Niederl die bairische Armenkommission, seinem Sohn Carl, Lehrjunge im Hofgarten zu Kleßheim, einige Kleider zu beschaffen, da dieser keine zum Wechseln habe und seine wenigen alle am Leibe trage und sie durch die Gartenarbeit schon vollkommen zerrissen seien; ebenso die Schuhe und er sich solche zum Begräbnis seiner Mutter habe ausleihen müssen.
Er bittet, dem Lehrjungen die übliche Bezahlung von wöchentlich 2 fl 12 x zukommen zu lassen, da er bisher *solche 2 Jahre hindurch nicht erhielt* (!)
Am 3. Februar 1820 starb der Sohn an Tuberkulose. Von Februar bis September 1829 lag Carl v. Niederl krank im Leprosenhaus. Als er geheilt war, gab man ihn in ein Zimmer der Soldatenwitwe Wabinger im Haus des Freysleben in Mülln Nr. 36.
Er wird von ihr gewartet und bekommt von der Gemeinde ein Bett und vom Augustinerkloster in Mülln aus bloßem Mitleid die Mittagmahlzeit und wöchentlich 1 fl 12 x, um sich Tabak und kleine Bedürfnisse kaufen zu können. Er ersucht daher um wöchentlich 24 x, um sich das Abendessen leisten zu können.
Aus Ersparnis für den Armenfond wird man, wie es der Raum erlaubt, ihn in die Communstube abgeben und dafür sorgen, daß die Kost alle Tage aus dem Augustinerkloster geholt werde.
Letzte Nachricht über den Unglücklichen:
»Carl v. Niederl, Pfründtner im Leprosenhaus, gestorben am 11. Jänner 1831 an Altersschwäche.«

Tabak geraucht wird vor den Toren der Stadt!

Die Verordnung des Amtes der Polizei vom 19. Mai 1802 wurde zweifellos von einem Nichtraucher verfaßt. Sie ist gezeichnet von Hieronymus von Kleinmagern, Polizeidirektor in Salzburg. Kommentar zu dieser Verfügung erübrigt sich.
Damit sich jeder Raucher, falls er damals gelebt hätte, im Geiste das ihm am nächsten liegende Tor aussuchen kann, seien ihm die mit Wachen besetzten Stadttore jener Zeit aufgezählt:
Das obere und das untere »Nonntaltor«, das »Kajetanertor« (1863 abgetragen), das »Michaelstor« am Mozartplatz, das »Brückentor« (Rathausbogen), das alte »Tränktor« (Löchlbogen), das »Griestor« (1860 abgetragen), inneres und äußeres »Gstättentor«, das »Wartelsteintor« in der Augustinergasse, das noch am Anfang des vorigen Jahrhunderts stand, das »St. Johannsspitaltor«, das »Müllnertor« (jetzt am Anfang der Strubergasse noch sichtbar), das »Neutor«, das innere und äußere »Linzertor«, das »Lederertor«, das »Mirabelltor«, das am Anfang der Rainerstraße stand und sämtliche Tore auf den Stadtbergen.

Polizeiliche Bekanntmachung 1802, Salzburger Museum C.A.

Das ehemalige Linzertor, Innenseite

Das »Haydn-Nagel-Fest« im Peterskeller

Mit Hilfe eines kleinen Buches, das den Titel »Hans-Jörgls Reise durch Oberösterreich, Salzburg und Bayern« trägt, fährt man biedermeierlich auch durch die Stadt Salzburg. Alle diese im Jahre 1841 gedruckten Beschreibungen* gleiten ohne jegliche Dramatik durch die Gegenden. Den Abschluß kleinster Exkursionen bildet dann immer eine genau besprochene Wirtsstätte, in die man sehr durstig und voll Essensfreude einkehrt. Kleinste Mißhelligkeiten werden bitter empfunden; tieferschürfenden Beobachtungen wird geflissentlich aus dem Weg gegangen. Aber das Geächze wohlbeleibter Mitreisender ist eine geschätzte Begleitmusik, um so äußerst anstrengende Bergbesteigungen, wie die des Mönchsberges, eindrucksvoll wiederzugeben. Einmal oben, wird man dafür durch schöne Ausblicke in Abendbeleuchtung belohnt; – aber dann kommt die Dämmerung! Die Damen müssen beim holperigen Abstieg gestützt werden und bringen dadurch ihre Begleiter in Gefahr! Diesen Anstrengungen folgt aber dann doch der trotz schönster Aussichten auf die liebliche Landschaft und dräuende Gebirge schon längst ersehnte Einzug in den Peterskeller.
In diesem in den Felsen gehauenen Keller wurde gerade eine Illumination veranstaltet. Anlaß war, daß ein großer Verehrer Michael Haydns von Wien nach Salzburg gepilgert war, um sich hier aus dem Zimmer, in dem der Komponist immer saß, eine kleine Reliquie zu holen. Die erschöpften Mönchsbergbesteiger wollten unbedingt daran teilnehmern und so erklommen sie die steilen Stufen, die zu dem Stüberl führten, in dem Haydn zu sitzen pflegte – immer dann, wenn es ihm zu Hause durch seine stark von Gläubigern verfolgte, verschwenderische Gattin zu ungemütlich wurde. War sie auch eine gute Koloratursängerin, – das Haushalten hatte sie nie erlernt. Der in St. Peter ausgeschenkte Wein half ihm da seine häuslichen Sorgen vergessen. Vielleicht ließ er sich deshalb auch in dem dem Keller zunächst liegenden rechten Seitenschiff der Peterskirche begraben? Leopold Mozart schreibt 1778 dem Sohn nach

Paris: »Haydn wird sich in wenigen Jahren die Wassersucht an den Hals sauffen.« Aber diese Prophezeiung traf nicht ein; denn der im Wein Trostsuchende lebte noch 28 Jahre. Er starb erst 1806.
Da sich aber in seinem Refugium, dem besagten Stübchen, außer den Nägeln zum Hut und Mantel Aufhängen nichts mehr aus Haydns Zeit erhalten hatte, wurden diese Haken zu einem verehrungswürdigen Gegenstand. Die Festbeleuchtung an diesem Abend galt also der Feier des Nagelabholens durch den Lehrer aus Wien. Als die Reisenden eintraten, war offenbar schon der richtige Nagel angegeben worden, welcher immer des Meisters Hut trug; denn ein Blumenkranz hing schon an ihm. Die Feier wurde zu einer kreuzfidelen Unterhaltung und regte sogar zu einem Gedicht auf den Kellermeister an. Herr Jörgl schreibt, daß dieser zwar »Mischologie« studiert habe, sich aber trotzdem der »Panschologie« enthalte. Darum warnt er ihn in harmlosen Zeilen vor künftigem Tun:
»Weh Dir Kellermeister dreimal weh,
Wenn ich morgen Früh aufsteh'
Und es brummt und sauset mir der Kopf,
Dann pack ich dich beim Schopf!«
Über den Heimweg sagt er, daß die Finsternis ein wahres Glück für ihn war; »weil sich die Straßenlaternen hier bescheiden im Dunkeln halten und ihren Nasen nicht überall haben müssen. Auch in den hohen (!) Häusern Salzburgs nur wenige Lichter brennen; sind doch die hiesigen prachtvollen Bauten nur mehr von wenigen Menschen bewohnt.« Überhaupt stellt er fest, sei diese Stadt vom höchsten Flor einer Hauptstadt zum Trauerflor eines stillen Provinzortes heruntergekommen. Mit diesem Niedergang ihrer Stadt erklärt er sich auch das sich abriegelnde Verhalten der Einheimischen gegen die Fremden, das er mit betroffenem Erstaunen in einem hiesigen Bierhaus erlebt. Da fehlen ihm alle die sonst reichlich in die Reisebeschreibung eingeflickten Witzchen, die alle für die Jetztzeit zu harmlos und bieder sind.
Folgendes spielte sich da ab, als der Wiener an einen Salzburger geriet, der *schweigend* vor seinem Bier sitzen wollte: Der »Fremde« fand beim Betreten des Bierkellers das Lokal schon gut besetzt. Und so konnte er sich nicht an einem schon von Einheimi-

schen umgebenen großen Tisch niederlassen. Mißvergnügt setzte er sich an den Nebentisch. Bald kam dann noch ein Gast, der laut Begrüßung zu jener Gesellschaft gehört hätte. Dieser nahm ihm gegenüber einen Platz ein. Alsogleich redete ihn der Wiener an und wollte wissen, wie er es morgen anstellen solle, um alle Sehenswürdigkeiten der Stadt in der besten Reihenfolge durchzunehmen, ohne dabei einen Weg zweimal machen zu müssen. Der Salzburger Stammgast schaute ihn an und gab keine Antwort. Da berichtet der Wiener weiter: »Taubstumm war mein Gegenüber nicht, weil er ja beim Kommen mit den anderen geredet hatte. Aber vielleicht war er schwerhörig?« Und so stellt er mit lauterer Stimme noch einmal dieselbe Frage. Aber da packt der Angeredete sein Bierglas, steht auf und setzt sich an einen anderen Tisch. Dort fragen Bekannte den Entflohenen, warum er sich weggesetzt habe. Darauf antwortet er ihnen so laut, daß es der Wiener hören muß: »Ich weiß nicht, was der Mensch will, – er kennt mi net und fangt mit mir zum reden an!«
Ins Hotel »Goldenes Schiff« heimgekehrt, fragt der Abgeblitzte fassungslos einen Reisegenossen, der die Salzburger besser kennt, was er dazu sage. Dieser erklärt ihm, daß die Salzburger die besten Leut' sind, nur müssens' einen zuerst kennen! –
Veranstaltete man im Peters-Keller öfters so ein Fest mit gutem Umsatz, bis der letzte authentische Nagel, der die Ehre hatte, Haydns Hut getragen zu haben, vergeben war?

* Von Jakob Dirnböck, Wien Verlag. (Aus der Bibliothek des Museums C. A.)

Salzburg empfängt die Braut des Kronprinzen

Am Morgen des 5. Mai 1881 bewegte die Salzburger freudige Erwartung. Schon am frühen Morgen krachten die Böller, und einziehende Musikkapellen weckten den letzten Schläfer. Seit Tagen arbeitete man am Festschmuck der Stadt, aber Fahnen und Fähnchen klatschten naß an die Fenster. Man hoffte, daß sich das Wetter bis zur Ankunft der sechzehnjährigen Braut des Kronprinzen bessern würde. Dieser war schon am Vorabend von Wien gekommen und stieg im »Toscana-Trakt« der Residenz ab.
Da Prinzessin Stephanie, Tochter des Königs Leopold II. von Belgien, hier in Salzburg das erstemal österreichischen Boden betrat, war es Aufgabe, ihr die Ankunft und den Aufenthalt möglichst herzlich und eindrucksvoll zu gestalten. Den ausführlichen Zeitungsberichten kann man Einzelheiten des Empfanges entnehmen, die erkennen lassen, daß inzwischen 100 Jahre vergangen sind.
Der Hofzug mit der Braut, ihren Eltern und dem Gefolge kam von München. Er bestand aus zwei Lokomotiven, die je einen Salonwagen zogen. Genau in der Mitte der Saalachbrücke waren Fahnen und Girlanden angebracht worden. Böller krachten, und die Lieferinger, Siezenheimer und Walser Schuljugend war zusammen mit einer Zollwachabteilung hier an der Landesgrenze aufgestellt worden und sang die Volkshymne während der langsamen Vorbeifahrt der hohen Gäste. Als der Hofzug die Eisenbahnbrücke erreichte, blitzten und krachten die Kanonen, die man auf die Müllner Schanze gebracht hatte. Daraufhin begannen alle Glocken zu läuten. Trompetensignale schmetterten und Trommelwirbel rasselten vom Bahnhof bis zum Residenzplatz, und das Militär erstarrte in »Habt acht«-Stellung. Es war vier Uhr Nachmittag, der Kronprinz eilte der Braut auf dem Perron (Bahnsteig) entgegen und gab ihr einen Kuß. Die Zeitungen berichten nun genau über die Reihenfolge der Begrüßungen, nicht aber, welche Toilette die Braut trug. Nach der Begrüßung betrat man den »exquisit« gezierten Hofsalon in dem nur den Mitgliedern des Hofes vorbehaltenen, eigenen

Trakt des Bahnhofes, um hier die ersten Vorstellungen vorzunehmen. Auf roten Teppichen, die von Palmkübeln flankiert wurden, geleitete man dann die Braut auf Salzburgs Boden. Alle vom Bahnhof bis zur Residenz aufgestellten Musikkapellen bliesen nun voll patriotischer Kraft, was, wie ein Zeitungsbericht andeutet, nicht immer sehr harmonisch zusammenklang. Es regnete so sehr, daß die durchwegs mit Schimmeln bespannten Hofequipagen geschlossen in die Stadt fuhren und dadurch das Kopf an Kopf wartende Volk keine Hoheiten zu sehen bekam. Im ersten Wagen saß Bürgermeister Biebel. Ihm folgten der Statthalter und der Landeshauptmann. Die Braut saß rechts von ihrer Mutter, Kronprinz Rudolf links von König Leopold. Nun waren für die Gäste drei Triumphbögen zu durchfahren. Beim ersten, dem Landes-Triumphbogen, der beim Nelböck-Viadukt aufgerichtet war, standen die Dürrnberger Knappen mit ihrer Musik, die Aigner Schützen mit ihren Prangerstutzen, aber auch 14 Veteranen-Vereine — was wohl den Eindruck erweckt haben wird, Salzburg sei eine Stadt der Senioren. Der zweite Bogen war beim Mirabell errichtet worden. Man hatte ihn dem Einfahrtstor des königlichen Schlosses Laeken nachgebildet. Zwei von Bildhauer Piger modellierte Löwen verschönten ihn. Bei diesem »Brüssler Tor« waren der ganze Gemeinderat, die Mittelschulen und 17 Feuerwehren aufgestellt. Gleich darauf beim »Mitterbacherbogen«, der die Dreifaltigkeitsgasse versperrbar machte, hatte man einen Pavillon aufgestellt, der von einem riesigen Kaiserdiadem gekrönt war. In ihm standen die »broncierten« (Gips-) Büsten der österreichischen Majestäten. Bronzierte Gipsplastiken aufzustellen, war damals Mode und durchaus nichts Diffamierendes. Die jeweiligen Huldigungsansprachen wurden leider von dem auf die Regenschirme prasselnden Regen übertönt. Stadt und Land hatten alles, was noch stehen konnte, aufgeboten, um außer dem spalierstehenden Militär, einer ganzen Escadron Kavallerie, die dazu nach Salzburg beordert wurde, eine dichte Reihe Menschen entlang der Straßen und Plätze zu gewährleisten. Dazu marschierten die »Liedertafel«, die Turner, alle Schulklassen, die Waisenhauszöglinge usw. auf. Der »unansehnliche« Opacherbogen (Rathausbogen) wurde mit einer »Juvavia« verkleidet, die einen Myrthenkranz herniederreichte. Das

Kronprinzessin Stephanie und Kronprinz Rudolf

Halleiner Bürger-Korps mit seiner Musik-Kapelle hatte die Ehre, die Ankommenden am Residenzplatz mit einem Tusch zu empfangen.
Auf der breiten Treppe zum Carabinieri-Saal warteten 150 weißgekleidete Jungfrauen, die Blumen vor die Füße der erlauchten Gäste zu streuen hatten. Man erfährt leider nicht, ob sie alle gleich gekleidet waren. Sicher trugen alle Kränzchen auf dem Kopf und offenes Haar, dazu die Körbchen voll Blumen. Nun defilierten nach Auflösung des Spaliers all die Vereine, Gesellschaften, Schulen usw. am Residenzgebäude vorbei, wobei sie stürmische Vivatrufe zu den Fenstern hinaufriefen. Es wird berichtet, daß das »häßliche« Wetter sich inzwischen in ein sanfteres Nieseln verwandelt hatte.
Um sechs Uhr Abends war das Gala-Diner.
Danach fand der Empfang der Deputationen statt. Dabei wurde auch das Geschenk der Damen Salzburgs durch sechs adelige und sechs bürgerliche Damen der erhabenen Braut überreicht. Es war ein 130×80 cm großes Ölbild, das die Stadt Salzburg, von Maria Plain aus gesehen, darstellte. Der in Salzburg lebende Maler A. Zimmermann hatte es gemalt. Es war ein Frühlingsbild, das im Vordergrund blumenpflückende Kinder darstellte. Den Rahmen hatte A. Kiebacher, Professor an der Staatsgewerbeschule, geschnitzt. Das Bild wurde mit Staffelei überreicht, die ein Werk der Schnitzschule Hallein war. Die Namen und die Aufmachung der geschenküberreichenden Damen sind leider nicht angegeben; denn bei den damals so betonten Standesunterschieden ist anzunehmen, daß man Weisungen gab, wie sich die Damen der Abordnung zu kleiden hätten. Ihnen folgten die von Statthalter Graf Hugo Lamberg zusammengestellten und auch von ihm angeführten 25 bäuerlichen Paare. Sie überreichten ländliche Hochzeitsgeschenke: einen Spinnrocken mit Flachs, ein bemaltes Almschaffl mit den Namen »Rudolf und Stephanie«, weiters Eier, Butter, Schmalz, Honig, Brot, Salz und Krapfen, auch ein prachtvoll gesticktes Bauerntuch. Landeshauptmann Graf Chorinsky erwähnte dazu in seiner Ansprache, daß vor 27 Jahren Kaiserin Elisabeth, als sie als Braut Bayern verließ, auch dort in gleicher Form diese ländlichübliche Hochzeitsgabe überreicht wurde. Er betonte, daß die

Volkssprache sie »Weiset« nenne. Nur sei das damals ein Geschenk des Abschieds gewesen, hier aber das der freudigen Ankunftsbegrüßung. Bei den belgischen Gästen dürfte diese »Krapfengabe« einiges Erstaunen geweckt haben. Geschähe jetzt das Gleiche, würde man es sicher als Verbeugung vor dem jetzigen »Trend« zum heimatlichen Brauchtum auffassen.

Inzwischen hatte sich das Wetter etwas gebessert, und es zeigten sich am Himmel sogar einige blaue Flecken, so daß man mit dem Anzünden der Flammen für die große Illumination beginnen konnte.

Feenhaft wirkte die Beleuchtung des Residenzplatzes. Zwölf Tempel standen da und waren mit Lämpchen in weißer und roter Farbe prächtigst beleuchtet. Auf ihrer Spitze trugen sie blecherne Blumenvasen mit ebensolchem Aloe-Einsatz, aus denen Pechflammen hoch aufloderten. Die Schalen des monumentalen Brunnens waren mit Gasflammen umsäumt und die Grotte in seinem Becken mit bengalischem Licht beleuchtet. Rings um ihn stiegen zischend und knatternd Leuchtkugeln auf. Vor dem Neugebäude sah man den Gabentempel der Tombola im Licht erglänzen, und der Turm des Glockenspiels war von tausenden Lichtlein »conturiert«. (Man bediente sich damals gerne der Fremdworte.)

Noch war nicht alles überstanden, denn nun marschierten nochmals alle Aufgebotenen in Form eines Fackelzuges heran. Am auffallendsten dürften die »studiosi« gewesen sein, die sich in der aus der Zeit der Romantik stammenden Tracht zeigten, also in schwarzem Radmantel, breitkrempigem Hut, auf dem eine lange Feder bengelte, und in hohen Stiefeln. Von Zeit zu Zeit zeigte sich das hohe Paar leutseligst an den Fenstern im II. Stock. Die Vorbeiziehenden brachten den gefeierten Gästen stets erneut ein donnerndes »Hoch« und »Vivat« zu den Fenstern hinauf. Und jedesmal stimmte die geduldig ausharrende, wie *gepökelt* aneinandergepreßte Volksmenge kräftig ein. In der Jetztzeit würde sich kaum ein Berichterstatter getrauen, dafür das Wort »eingepökelt« zu verwenden! Zum Abschluß trat noch die Liedertafel auf, die mit Blechmusikbegleitung drei Chorwerke vortrug, die eigens zu diesem Zwecke gedichtet und komponiert worden waren. Die mittleren

Strophen des langen »Huldigungs«-Gedichtes seien hier angeführt:

»O laßt es hell aus voller Brust erschallen:
Heil Dir, heil Dir, o Habsburgs edler Sproß!
Und froh beglückt magst Du zum Tempel wallen,
Den Bund zu weih'n, den reine Liebe schloß.

O Heil der Braut, die da im Glanze holder Jugend
Vom Zauberschein der Poesie umhüllt,
Uns heut entgegenschwebt als Inbegriff der Tugend.

Und als Anmuth wunderholdes Bild
Und fort und fort wie heut am Tag der Weihe,
Entfacht sich ihr des reinsten Glückes Brand!«

usw.

Beim Lesen der Zeitungsberichte fällt auf, daß die Braut *nie* als hübsch oder schön beschrieben wird! Der Kronprinz reiste noch um halb elf Uhr abends nach Wien. Sonderzüge brachten die Zuschauer in ihre Heimatorte zurück. Da betrug die Fahrtdauer nach Radstadt vier Stunden; ganz entsprechend auch jene zu nahe gelegenen Orten.

Die Braut übernachtete im III. Stock der Residenz mit Ausblick auf den Residenzplatz in einem mit Gobelins und weißgoldenen Möbeln ausgestatteten Raum. Ein Gesangsverein brachte ihr am Morgen noch Darbietungen. Ihre Mutter, die Königin, wohnte einer Messe in der Ruperti-Kapelle des Domes bei, die Fürsterzbischof Eder zelebrierte. König Leopold II. bestieg inzwischen in aller Frühe den Mönchsberg, um sich die Aussicht vom »Achleitner-Schlößchen« (Kupelwieser) anzusehen.

Um neun Uhr vormittag fuhr der Hofwagen mit den Gästen zum Bahnhof, von wo sie nach Wien zur Hochzeit gebracht wurden.

Wetterleuchten
in Hellbrunn

Neugierige Salzburger waren im Hochsommer 1881 Zaungäste einer sich anbahnenden Tragödie. Sie pilgerten zu Fuß (die Dampftramway wurde erst im Jahre 1886 eröffnet) nach Hellbrunn und versuchten, ein junges Ehepaar zu Gesicht zu bekommen, indem sie über eine lebende Hecke spähten, welche den Park der »Swoboda-Villa« umschloß. War das gelungen, so wurde jede Beobachtung, auch wenn es die kleinste Kleinigkeit war, eifrigst besprochen. Wechselte aber das Paar in den gegenüber gelegenen Hellbrunner Park* hinüber, um spazierenzugehen oder in der Schloßkapelle die Messe zu hören, so war es das Personal vom Schloßrestaurant, das sich verstohlen an den Fenstern drängte, um die erlauchten Frischvermählten mit seinen Augen zu verschlingen. Denn nun konnte man den Kronzprinzen der Österreichisch-Ungarischen Monarchie und seine Gemahlin aus der Nähe sehen.

Er war Anwärter auf den Kaisertitel, aber auch auf den eines Königs von Ungarn, von Böhmen, Dalmatien, Kroatien, Slavonien, Galizien, Lodomerien und Illyrien, auch auf den eines Großherzogs von Toscana und Krakau, eines Herzogs von Lothringen, Salzburg, Steiermark, Kärnten, Krain und der Bukowina. Er würde Großfürst von Siebenbürgen, Markgraf von Mähren, Herzog von Ober- und Unterschlesien, von Modena, Parma, Piacenza und Guastalla, von Auschwitz und Zator, Teschen, Friaul, Ragusa und Zara werden, weiters Gefürsteter Graf von Habsburg und Tirol, von Kyburg, Görz und Gradisca, Fürst von Trient und Brixen, Markgraf von der Ober- und Niederlausitz und in Istrien, Graf von Hohenems, Feldkirch, Bregenz und Sonnenburg, weiters Herr von Triest, von Cattaro und auf der Windischen Mark. Von ihm und seinen Nachkommen hing aller Wahrscheinlichkeit nach das Schicksal des großen Reiches ab. Für ganz Europa war deshalb seine mit größtem Pomp am 10. Mai 1881 in Wien gefeierte Hochzeit mit Stephanie, einer Tochter König Leopolds II. von Belgien, ein

großes Ereignis gewesen. Dies war wahrlich Grund genug, um Interesse und Neugierde zu erwecken.
Man wußte, daß die Braut erst 16 Jahre alt war, – ein unbeschriebenes Blatt. Diese belgische Prinzessin stammte aus einem reichen, katholischen Herrscherhaus, das aber nicht die Bedeutung der Habsburger hatte.
Vom Kronprinzen wußte man, daß er lebhaften Geistes, aber von wechselnder Gemütsverfassung war und von seinem Vater von Regierungsaufgaben ferngehalten wurde. Die Hofnachrichten hatten von der Liebe und dem Glück der beiden geschrieben. Man wunderte sich vielleicht; denn der Kronprinz hatte sich in Brüssel gleich am zweiten Tag verlobt, ohne die Braut je vorher gesehen zu haben. Kaiser Franz Josef erblickte seine Schwiegertochter zum ersten Mal erst zwei Tage vor der Hochzeit. Als Prinzessin Stephanie auf ihrer Fahrt zur Vermählung nach Wien fuhr, hatte man sie in Salzburg nur einige Male aus der Ferne und zwar an den Fenstern der Residenz gesehen. Und so hoffte man, hier in Hellbrunn, durch eigene Beobachtung, vielleicht Näheres erkunden zu können. Dabei stiegen bald Zweifel am großen Glück auf. Warum sah man die beiden so oft ihre Wege alleine gehen? Wo sie doch in den Flitterwochen waren. Die blonde Kronprinzessin kutschierte viel mit ihrem zweispännigen Ponywagen, den ihr der Kronprinz geschenkt hatte, umher, während er gerne auf die Jagd ging. Und das Personal des Hellbrunner Gastgartens erzählte, man habe sie öfters streiten gehört, und das gar nicht leise. Das Gleiche erzählten Nachbarn, die am Swobodagarten vorübergingen. Viel lieber hätte man Beweise ihrer Verliebtheit beobachtet und auch davon gehört.
In dem Notizbuch der Gräfin Lucy Moy, geborene Gräfin Radolin**, die mit ihrem Manne 1904 die Villa Swoboda erworben hatte, findet sich in der kleinen Chronik über dieses Landhaus und die hier verbrachten Wochen des Kronprinzenpaares folgende Eintragung: »Leider wurde diese Ehe nie glücklich und zeigten sich die ersten Wolken schon während des kurzen Aufenthaltes in Hellbrunn.« Eine Hofdame, Gräfin Theresia Palffy, welche die Prinzessin nach Hellbrunn begleitet hatte, erzählt über das Leben des jungen Paares folgendes: »Der Kronprinz ist meist allein, die

»Swoboda-Villa«, jetzt gräfl. Moy'scher Besitz

Kronprinzessin sitzt gewöhnlich vor dem Spiegel und frisiert ihre Löckchen. Der Kronprinz ist sehr begabt und hat auch ernste Interessen für Politik und Literatur. Seine Frau ist ein Kind und kann und will ihm auf diesen Gebieten nicht folgen. Ihr Hauptinteresse ist Toilette. Wenn der Kronprinz mit ihr in der herrlichen Gegend spazierengehen oder -fahren möchte, dann ist die Prinzessin meist daran verhindert, weil sie vor dem Spiegel ihre Löckchen frisiert oder andersweitig mit ihrer Toilette beschäftigt ist.«
Kronprinzessin Stefanie hat im Alter ihre Memoiren geschrieben.*** Mit Recht sieht sie sich als ein Opfer der Politik, die ein gänzlich unerfahrenes Mädchen für ihre Zwecke benützte. Schon die Hochzeitsnacht in Schloß Laxenburg ist ihr lebenslang als Alptraum in Erinnerung geblieben. Vielleicht war ihre Sorge um die richtig angeordneten Löckchen nur ein Vorwand, um das Beisammensein mit Rudolf zu verkürzen. Daß das Kaiserhaus mit seinen ungezählten Schlössern und Jagdhäusern für die Flitterwochen des Thronerben eine private Villa bei Salzburg gemietet hat, wirkt erstaunlich. Zudem war das Haus nicht einmal groß genug. Denn die Suiten, z. B. die der bereits erwähnten Gräfin Palffy, waren recht primitiv im Schloß untergebracht. Aber diese Villa war nicht lange zuvor mit sehr bedeutenden Mitteln im allerneuersten Geschmack und mit entsprechendem Komfort – z.B. Zentralheizung und großem marmornem Bad – errichtet worden und lag in einem parkartigen Garten in ungewöhnlich schöner und unberührter Landschaft. Und wir wissen, daß die Kronprinzessin, die mit ihrem Gatten gleich nach der Hochzeit ein paar Tage in Laxenburg wohnte, sich über den Mangel an Komfort beklagt hatte.
Das junge Paar weilte vom 22. Juli bis zum 24. August in Hellbrunn. Während dieser Zeit kam es in der Villa zu einem Zwei-Kaiser-Treffen. Kaiser Wilhelm I. unterbrach seine Kur in Badgastein, um sich hier mit Kaiser Franz Josef am 3. August zu treffen und das junge Paar zu besuchen. Während des in der Villa abgehaltenen großen Diners besorgte eine Infanterie-Kapelle die Tafelmusik.
Kaiser Wilhelm reiste noch am selben Tag per Bahn nach Badgastein zurück; aber Kaiser Franz Josef blieb, und ihm zu Ehren gab es am Abend viele Höhenfeuer auf den Bergen bis zum Tennenge-

birge. Er übernachtete aber in der Stadt im Residenzgebäude. Drei Tage später kam Kaiser Wilhelm I. nach Beendigung seiner Kur noch einmal nach Hellbrunn. Wollte er den Kronprinzen allein sprechen? Diesmal kamen auch die Großfürsten Paul und Sergius von Rußland aus Berchtesgaden herbeigeeilt. Eine Honved-Kapelle besorgte die Tafelmusik.
Das Kronprinzenpaar reiste am 24. August nach Prag ab, wo Kronprinz Rudolf als General und Brigadekommandant stationiert war und für sie die künftigen Aufgaben begannen. Eine Flucht von Zimmern auf dem Hradschin und eine Unzahl von Empfängen erwarteten sie dort.
Als Erinnerung an jene turbulenten Tage, da das allseitige Interesse dieser Villa galt, haben sich in zwei Zimmern die für das Kronprinzenpaar angebrachten elektrischen Klingeln erhalten − an sich schon für diese Zeit das Modernste −, es waren aber Klingeltableaus: in Goldrähmchen steckten nebeneinander Druckknöpfe aus Elfenbein, auf denen folgende Buchstaben eingraviert waren: auf dem einen S (Sekretär), K (Küche), G (Gärtner) und ein Pferdekopf für den Stalldienst, auf dem anderen L (Lakai), KD (Kammerdiener) und Kf (Kammerfrau). Wer hätte damals gedacht, daß diese Installation die längst verstorbenen, so hochgeborenen Mieter überleben würde!
Auch ein anderes − ebenfalls geringfügiges − Ereignis, das sich in immer größeren Abständen bis in die dreißiger Jahre unseres Jahrhunderts wiederholte, ließ die Erinnerung an den Aufenthalt des Kronprinzenpaares immer wieder aufleben: Fremde näherten sich dem Hause und baten, das »Zwei-Kaiser-Zimmer« sehen zu dürfen. War die Familie nicht anwesend, dann zeigte der freundliche alte Diener das größte Zimmer − den kleinen Saal −, der sich dieser Vorstellung am ehesten anbot.
Wenn auch die damalige Einrichtung der Villa nicht mehr vorhanden ist, zeigt allein die Baugestaltung, was der Bauherr Wilhelm Swoboda − ein sehr vermögender Großhändler für pharmazeutische Erzeugnisse in Wien − wollte und sein fähiger Wiener Architekt Karl Stattler dementsprechend schuf.****
Von außen zeigt sich die Villa als eine bemerkenswerte Verbindung italienischer Bauweise mit einem Dach im »Schweizer-Haus-Stil«.

Die rundbogigen Fenster des Erdgeschosses und am Turm, wie auch die von marmornen Säulen getragenen Loggien am Eingang und an der Westseite sind eine »Hommage« an das toskanische Landhaus. Das Dach aber mit seiner ausgesägten Giebelzier ist nicht nur eine der damaligen Mode folgende Gestaltung (auch die damals im Aigner Tale gebauten Landhäuser zeigten jene Dach-und Giebelformen), sondern auch eine Konzession an die hiesige Witterung. Man betritt die Villa nicht bodengleich von außen, sondern neun marmorne Stufen einer breiten Freitreppe führen zu ihrer Eingangs-Loggia empor, um sie beim Eintreten bewußt oder unbewußt vom umgebenden Boden abzuheben. Diese Freitreppe war von zwei Sphinxen auf mächtigen Sockeln flankiert. Erster geschlossener Raum ist ein großes Atrium in klassizistischem Stil, mit offenem Kamin und Statuen in Nischen. Die Größe und Höhe der Zimmer ist bestens ausgewogen und großzügig bemessen. Von ungewöhnlicher Qualität ist das Stiegenhaus mit seinen Stufen aus rosa Untersberger Marmor, deren Profilierung und Bearbeitung hierzulande ihresgleichen nicht findet. Als vermutlicher Aufenthaltsraum der Kaiserzusammenkunft bietet sich ein kleiner Saal mit reicher hölzerner Kassettendecke und prächtigem Kamin an. Die Sicht von der gartenseitigen Loggia ist genau auf den sich hier dreieckig aufbauenden Untersberg eingestellt, was auch die seinerzeitige Pflanzung der Bäume berechnete, um diesen Berg als »point de vue« zu betonen.

Es gibt einen von Mme. Peyrebére (Etienne Garry) in französischer Sprache geschriebenen Führer durch Salzburg. Darin werden auch die Anlagen in Schloß Hellbrunn erwähnt und bei jeder sich bietenden Gelegenheit zwielichtige Ereignisse aus der Vergangenheit nicht unerwähnt gelassen. Und so führt sie auch die gerade besprochene Villa wegen des Aufenthaltes des Kronprinzenpaares an. In düsterer Gedankenverbindung schreibt sie: »Vous connaissez le mystère de sa mort á Mayerling, la mâchoire fracassée d'un coup de revolver«. Wenn man aber von der in einem Reiseführer unnötigen Erwähnung der zerschmetterten Kinnlade – es war übrigens die Schädeldecke – absieht, so kann man ohne Zweifel von einem fernen Wetterleuchten sprechen, das sich trotz junger Ehe schon damals an einem düsteren Himmel ankündigte.

* Schloß Hellbrunn war damals noch kaiserlicher Besitz, der Park aber der Öffentlichkeit freigegeben. Nur ein kleiner Teil mit Tennisplätzen wurde für die depossedierte Habsburger Nebenlinie Toscana, welche in der Salzburger Residenz untergebracht war, reserviert gehalten. Während des Aufenthaltes des Kronprinzen blieb aber der ganze Park gesperrt.
** Ihrem Sohn, Dr. Johannes Graf v. Moy, verdanke ich diese Eintragungen und die Daten über Architekt K. Stattler.
*** »Stephanie« v. Irmgard Schiel. Deutsche Verlags-Anstalt.
**** Karl Stattler (Thieme-Becker Bd. 31; Wurzbach, 37. Teil), geboren 1834 in Wien. Schüler von van der Null und Siccardsburg, schuf vor allem bedeutende öffentliche Gebäude, wie Teile der Universitäten Prag und Graz, das Staatsgymnasium und das Pädagogium in Linz. Als Kuriosum sei erwähnt, daß er die Villa Uhl in Mondsee schuf, welche Strindberg, der Schwiegersohn Uhls, der sich dort öfters aufhielt, die »Schlangengrube« nannte.

Todesanmeldung
im Haus Getreidegasse Nr. 1

Hätte man nicht eine leicht karikierende Darstellung von Marie Schreyer (geb. 1842, gest. 1903 in Salzburg), so wäre sie wie alle ihre Zeitgenossen vergessen; denn ihre vier Kinder starben nachkommenlos.* Von ihrer Umwelt hob sie sich durch eine etwas übertriebene Naturschwärmerei ab. Alle Tage machte sie weite Spaziergänge in die Umgebung, von denen sie stetes mit einem an der Bluse befestigten Blumenbüscherl oder kleinen Zweig zurückkehrte. Besonders die vollmondbeschienene Landschaft ließ sie immer wieder im Gehen innehalten und entlockte ihr entzückte Ausrufe. Der Mann ihrer Stiefschwester Anna (verheiratete Swatek) hat sie, obwohl selbst von Salzburgs Schönheit hingerissen, in dieser mondanschwärmenden Haltung mit Pinsel und Feder festgehalten.
Marie Schreyers Aussprüche waren stadtbekannt. Stürzt sich doch eine ereignislose Kleinstadt freudigst auf die Schwächen ihrer Bürger. So erzählte man sich immer wieder, daß sie, wenn sie mit ihrer eleganten Tochter Emma ging und eines Offiziers ansichtig wurde, zu ihr gesagt haben soll: »Emma streck Dich, Emma reck Dich, Emma mach Dich interessant!« Vielleicht war dies nur eine einmalige Bemerkung gewesen, die ihr aber von den Salzburgern nie vergessen wurde. Die Aufforderung scheint gewirkt zu haben, denn Emma heiratete einen Rittmeister.
Marie Schreyer wohnte im Haus Getreidegasse Nr. 1, wo ihr Mann, ein Bankier, seine Bank hatte. Dem Vernehmen nach entsprach ihre Wohnung den Vorstellungen, die man sich von einer Bankierswohnung in einer Kleinstadt machte. Da waren überall üppig drapierte Plüsch-Portièren angebracht, an denen die damals so beliebten Troddeln und Bommerln baumelten. Die Wände waren mit großen und kleinen Bildern in breiten Goldrahmen bedeckt. Da und dort standen Paravents und Tabourets. Alben mit Familienfotos und Landschaftsaufnahmen der Salzburger Fotofirma Würthle lagen auf den gedrechselten Salontischchen. An den

Spiegeln steckten exotische Fächer. Mehrere Palmen in üppigen Übertöpfen sollten Wintergarten-Luxus bezeugen. Hier erlebte sie ihre schwersten Stunden, als ihr jüngster Sohn, Adolf, als ein frühes Opfer des Alpinismus von einer Besteigung des Hochkönigs nicht mehr zurückkam.
Die oft gehörte und je nach Erzählergabe mehr oder weniger gruselige Geschichte von der Anmeldung seines Todes soll hier aus der Vergessenheit gehoben werden.
Dieser 20jährige Sohn Adolf hatte die große Naturliebe seiner Mutter geerbt. Er war begeisteter Bergsteiger, was damals noch als sehr exzentrisch galt. Auch am 20. August 1887 war er trotz Warnungen und Bitten seiner Eltern nicht davon abzuhalten, mit seinem Studienfreund Hans Gaugler (Sohn eines Gemeinderates) wieder auf den Hochkönig zu gehen, den er schon dreimal bestiegen hatte. Seit Wochen regnete es; ganz Nonntal war wieder überschwemmt. Als Proviant hatte er nur zwei Tafeln Schokolade mitgenommen. Am nächsten Tag kam es zu dem Ende August üblichen Wettersturz, mit dem sich der nahe Herbst einleitet. Es fiel Schnee nicht nur bis in die Almregionen, sondern bis Mühlbach a. H. herunter. Die Eltern waren besorgt, aber sie dachten noch nicht an eine Katastrophe. Ein zweiter Tag verging, aber die beiden Bergsteiger kehrten nicht zurück. Die Besorgnis wurde zur Angst. Ein dritter Tag verging: Die Mutter lag schlaflos im Bett, denn das Immer-am-Fenster-Stehen und Auf-die-Gasse-Schauen, ob der Sohn nicht auftauchte, wich mit der Zeit dem Gefühl der Erschöpfung. Ihr Zittern ging in Zuckungen über. Man gab ihr Kamillentee und Baldrian. In ihren Ohren pochte das Blut, denn ihr tagelang aufs höchste gespanntes Horchen wartete auf das Geräusch, ob nicht die Haustüre aufgesperrt würde. Immer wieder stand sie am Fenster und schaute auf den von zuckenden Gasflammen fahl erleuchteten Rathausplatz hinunter, aber er war menschenleer.
Wieder einmal ins Bett zurückgekehrt, bemerkte sie, daß sich die erste Tageshelle ankündigte. Plötzlich spürte sie schnürende Angst, und es schien ihr, als nahe sich etwas im Nebenzimmer. Ihr Herz schlug zum Zerspringen, als sie deutlich ein Stöhnen hinter der Türe hörte, und ihre Hände verkrallten sich in kaltem Grauen

in die Bettdecke. Mit Sicherheit spürte sie jetzt, daß etwas hinter der Türe stand und zögerte. Da sprang diese auf – ein kalter Luftzug strich herein – Marie Schreyer wurde ohnmächtig.
Am 24. kam aus Bischofshofen ein Zwei-Worte-Telegramm: »Adolf verloren«. Diese Nachricht erklärte sich später folgendermaßen: Beim Aufstieg auf den Berg war plötzlich ein Wettersturz mit heftigem Schneegestöber eingefallen. Die beiden kehrten um, irrten vom Wege ab und verloren die Orientierung. Nach Stunden fanden sie eine halb niedergebrannte Almhütte, in der sie eingeschneit wurden. Kälte, Erschöpfung und Proviantmangel verschlimmerten ihre Lage. Am 23. bei Morgengrauen beschlossen sie, um jeden Preis mit den letzten Kräften aus der tödlichen Lage auszubrechen. Es schneite noch immer. Gaugler erreichte vollkommen erschöpft Mühlbach und konnte dort noch Angaben über die Lage der Hütte machen. Der verdienstvolle Bergmeister Pirchl, der den Kupferbergbau ins Leben gerufen hatte, stieg mit einer Mannschaft auf und fand Adolf Schreyer wenige Schritte vor der Almhütte, mit dem Gesicht auf dem Boden liegend, erfroren und an Erschöpfung gestorben, auf. Damit erklärte sich das Telegramm; wußte ja Gaugler nicht, ob Schreyer nicht doch noch auftauchen würde.
Für die Mutter stand es fest, daß ihr Sohn seine letzten Gedanken ihr geschickt hatte. Trotz des Verlöschens all seiner physischen Kräfte hatte etwas noch die Tür aufgerissen. (Die Fenster im Nebenzimmer waren aber geschlossen geblieben.) In einer Arkadengruft im rechten Flügel des Kommunalfriedhofes, fast ganz im Eck, findet man die Namen dieser Familie.
Dieser Unglücksfall eines begabten jungen Menschen grub sich in der Erinnerung auch der weiteren Verwandtschaft so stark ein, daß niemand von ihnen auch nur den harmlosesten Berg besteigen durfte und man höchstens mit der Zahnradbahn auf den Gaisberg fuhr.

---

* Näheres in »Mitteilungen der Salzburger Landeskunde«, Jg. 1978, Seite 241.

Die »Zuflucht« im St.-Peter-Bezirk

Abgerissene Gebäude werden so schnell vergessen wie Verstorbene. Dort, wo sich jetzt im »Toscaninihof« auf felsnahem Boden das Kolleg St. Benedikts befindet, stand bis zum Jahr 1924 das mittelalterliche Gebäude der »Zuflucht«. Das Stift St. Peter bot hier ausgedienten Dienstboten Obdach und Nahrung und im 1. Weltkrieg vielen eine Klostersuppe.*
Man weiß von keinen aufsehenerregenden Geschehnissen in diesem uralten Haus, aber bevor eine der Letzten, die es von innen kannten, verschwindet, möge die Atmosphäre eines seinerzeitigen Altersheimes noch beschrieben werden, obwohl sie nur durch die Schleier von über 60 Jahren empfunden und wiedergegeben werden kann!
Sicher würde man jetzt dieses Altersheim als unzumutbar sperren: So gab es kein Bad, nur eine riesige Waschküche in einem der ebenerdigen Gewölbe; darin standen hölzerne Waschzuber von Bootsgröße. Es gab auch keine »Toilette«, sondern ein eiskaltes »Häusl« mit hölzernem Sitzbrett. Alte Kalender hingen da statt rosa Seidenpapierrollen. Selbstverständlich war da auch keine Spülung installiert, was sich als Geruchsbeimischung deutlich in den alten, mit Adneter Platten belegten Gängen bemerkbar machte. Aber stets roch es hier auch nach Milch und gelagerten Äpfeln.
Da die Insassinnen viel von ihrem ehemaligen Hausrat in und neben ihren Zimmereingängen stapeln durften, wirkten diese dunklen Hausflure wie ein unterirdischer Bau. War irgendwo noch ein Stück Mauer freigeblieben, hing da ein altes Heiligenbild oder ein rotgläsernes »Ewiges Licht«, das mit den aufgestellten Kerzenleuchtern doch so viel erhellte, daß man die Zimmertüren finden konnte. Aber immer kramte da ein altes Weiblein in seiner Habe voll Erinnerungen, die all die hölzernen Koffer und Kommoden bargen.
Meist waren zwei alte, von der Arbeit krumm gewordene Auszüglerinnen in einem Zimmer untergebracht. Den damaligen puri-

tanischen Vorstellungen entsprechend, waren die hochbeinigen Betten als »Tafelbetten« zugerichtet, das heißt, unter der Bettüberdecke lag ein glattbespannter Rahmen, der die Senke zwischen Kopfpolster und Tuchent ausglich und dadurch bettartige Vorstellungen nicht aufkommen ließ. Auch der Waschtisch – eine Art kleine Kommode – zeigte kein Geschirr; das herabklappbare Oberteil verdeckte es tagsüber. In jedem der großen Zimmer hing ein Kruzifix mit seinem geweihten Palmzweig und das Weihbrunn-»Degel«. Gebrechliche saßen da oft lange Zeit auf einem mit schwarzer Wichsleinwand überzogenen Leibstuhl und dösten vor sich hin, niemand drängte sie. Auf den Nachtkasteln, die mit alten Patschen und Umhängtüchern vollgestopft waren, lag das Gebetbuch, das die vielen Sterbebildchen nicht mehr fassen konnte. In jedem Zimmer stand ein großer Kachelofen, der zwar bedient werden mußte, aber lebende Wärme gab; in seiner Durchsicht brutzelte meistens ein Bratapfel. Da saßen sie, die ausgedienten Haushaltshilfen, mit ihrem irdenen Haferl voll warmem Malzkaffee, das sie mit ihren Händen umschlossen, und waren *zufrieden!* Trotz der muffigen Luft in den Räumen.
Resi, das alte Kindermädchen, das meine Mutter und ihre beiden Geschwister betreut hatte, konnte hier mitten in der Altstadt noch oft besucht werden, und die ihr gewohnten Kirchen waren so nahe. Hier fühlte sie sich *geborgen* und hatte nie über Zank im Zimmer oder auf dem Gang zu klagen.
Warum war es da viel friedlicher? Wohl kamen die meisten von ihnen aus sehr einfachen Verhältnissen vom Lande. Von Jugend an mit der Unsicherheit vor Augen, wie es ihnen wohl im Alter ergehen würde, wo sie da wohl Unterschlupf fänden? Sind es jetzt die klaren, sterilen Zimmer, in denen nichts Eigenes diese Alten umgeben darf außer einem Schlafrock und ein paar Sachen in der weißlackierten Nachttischlade? Oder sind es die großen Fenster, die so viel Licht hereinlassen, das penetrant die Leere des Zimmers sichtbar macht, jenes letzten Raumes, den man zur Benützung hat, bis man hinausgetragen wird?
Die Helle macht sie *ruhelos* und verhindert den altersmäßigen Dämmerzustand. Wohl hatte man früher auch allem Schicksal gegenüber eine demütigere Einstellung!

Rechts im Bild die »Zuflucht« im St. Peter-Bezirk

Das zeigt z.B., warum sich die alte Resi nicht ihre am Kinn sprossenden, borstenstarken Haare auszupfte. Als ich deshalb meine Mutter frug, warum sie sie nicht abschneide, hörte ich, daß ihr dies Eitelkeit bedeutet hätte und vor allem einem Eingriff in die Schöpfung gleichkäme, die sie eben so geschaffen hatte.

---

* Auf einem Stich von Sigmund aus dem Jahre 1699 wird es als »Mayrhaus« bezeichnet. Das schöne Portal ist deutlich zu erkennen.

Alte Bäume, die nicht mehr stehen

Eine Stadt besteht nicht nur aus Baulichkeiten und ihren Inwohnern; auch auffallende Bäume bestimmen den Eindruck, den sie hinterläßt. Und so ist ihr Verlust fast ebenso einschneidend wie der Verlust eines alten Denkmales. Ein paar Worte seien daher auch ihnen gewidmet.

1. Die Wundertanne

Eigentlich war sie eine Fichte! Aber der Anblick ihres ungeheuren Geästs überwältigte den Wanderer so sehr, daß sein Blick nicht erst hochdroben die Nadelstellung prüfte, und so blieb die eingebürgerte Bezeichnung »Tanne«. Dieser unvergleichliche Baum stand gleich einem silbergrauen Kandelaber mitten im Wald, am Fuße der Mühlsteinwand. Warum wurde gerade er nicht gefällt, obwohl neben dem Vielhundertjährigen alle seine Altersgenossen und deren Nachwuchs der Axt zum Opfer gefallen waren? 1931 war mit seinem Zusammenbrechen auch sein Ende gekommen. Dadurch wurden die Salzburger um ein beliebtes Ausflugsziel gebracht, das sie nach Durchwanderung der Glasenbachklamm erreicht hatten.

2. Die Eiche bei Hellbrunn

Wer von Morzg nach Hellbrunn ging, sah, wenn er am Golserhügel vorbeigekommen war, rechts der Straße eine uralte Eiche stehen. Meist lehnten Bretter und Stangen an ihr, denn im nahen ländlichen Haus arbeitete ein Tischler. Unbedeutendere Bäume waren dadurch als nur dienstbare Stützen vom Auge übergangen worden. Die Eiche selbst – wie auch der Besucher – übersah dieses von Menschenhand dort Abgestellte, das wie alles in ihrer Nähe von ihrem grandiosen Erscheinungsbild ausgelöscht wurde. Ihr tausendjähriger Stamm, der seinen Wipfel schon längst verloren hatte, war meist von Raben umflattert. Hinter ihm gab es eine wei-

Die Eiche bei Hellbrunn

Die »Wundertanne«

te Sicht auf unverbautes Wiesengelände, das die lange Wipfelreihe des »Eichet« abschloß. Von größter Wirkung aber war, daß der sagenumwitterte Untersberg den beherrschenden Hintergrund gab. Berg und Baum verbanden sich hier zu einer Einheit, die wie kaum wo anders ein längst verschwundenes Landschaftsbild vermittelte, aber auch die alte animistische Vorstellungswelt der Ureinwohner nahebrachte.

Lange Zeit hatte noch ein Ast dieser Eiche gegrünt. Dann stand sie ein viertel Jahrhundert in Dürre, als ein bestauntes Naturdenkmal und Zeuge einer unbekannten Vergangenheit, da, um im Jänner 1963 – trotz Windstille – plötzlich in sich zusammenzusacken. Nicht ein Brett war aus ihrem Holz zu gewinnen, denn dieses lag als ein Haufen Moder an der Stelle der könglichen Eiche.

Mein Großvater, W. Swatek, ließ die hier wiedergegebene Aufnahme machen, da er als Nichteinheimischer von den Naturschönheiten Salzburgs besonders ergriffen war.

3. Die alten Weiden beim Künstlerhaus

Hochwüchsige alte Weiden umstanden das Grundstück beim Künstlerhaus, auf dem jetzt die Polizeikaserne steht. Radfahrneulinge konnten sich dort auf einem rundumgeführten, schmalen Fahrweg in diesem damals als höchst gefährlich geltenden neuen Sport üben. Ihre Angst, zu stürzen oder mit einem anderen Pedaltretenden zusammenzustoßen, äußerte sich in fortwährendem Klingeln. Die wenigen weiblichen Wesen, die sich hier übten, trugen enggeschnürte Mieder, lange Röcke, hochgeschlossene weiße Blusen und große flache, tellerartige Kappen. Ein unter dem Kinn zusammengebundener Schleier sollte die Mützen auf dem Kopf festhalten, was aber bei Stürzen nicht viel half. Meist liefen der verwegenen Sportlerin zwei männliche Wesen nach, um sie nach Möglichkeit im Fallen aufzufangen. Bekam dann so ein langer Rock doch einen Riß, so war das wieder ein Stadtgespräch!

Der Vagabund

Nach unberechenbaren Gesetzen der Erbanlage werden die einen zu seßhaften, die anderen zu ständig ihren Aufenthalt wechselnden Menschen. Bei großem Arbeitsplatzmangel, wie ihn die Zeitspanne von Ende der zwanziger bis in die dreißiger Jahre mit sich brachte, zeigt sich diese verschiedene Wesensart am deutlichsten. Da bleiben trotz Not viele in ihrer Heimat und warten auf die Gelegenheit, eine Anstellung zu finden. Die anderen wandern ab und gehen auf Arbeitssuche oder versuchen dies gar nicht mehr und folgen nur ihrem Wandertrieb. Um die Mittagszeit klopfen sie bei Bauern an und bitten um einen Teller Suppe. Am Abend finden sie in den Heustadeln Unterkunft. In dem vorher erwähnten Jahrzehnt wurden sie zu einer wahren Plage für die Landbevölkerung. Ihnen, die ihre ganze Habe in einem Rucksack trugen, begegnete man meist auf Nebenwegen, denn sie mieden die Hauptstraßen.
An einem strahlenden Frühlingstag verließ die junge Frau ihr Heim, da sie ihre kleinen Kinder für einen Nachmittag in guter Obhut wußte. Das Bedürfnis, einmal frei ausschreiten zu können, war in ihr übermächtig geworden. Endlich, ungehindert durch den Kinderwagen, in weglose Gefilde einbiegen zu können, war ihr Ziel. Auch endlich einmal dem Freiheitsdrang nachkommen zu können und sich nicht an die trippelnden Schritte der Kinder anpassen zu müssen, war ihr ein Bedürfnis. Stunden des Sich-frei-bewegen-Könnens und der ungestörten Betrachtung dieses Frühlingstages lagen vor ihr. Von der blühenden Fülle der ersten Blumen mußte man etwas nach Hause bringen. Auch konnte man dann den Kindern von all den Tieren erzählen, die man gesehen hatte. Aber man hatte vergessen, einen Bindfaden mitzunehmen. Und so umschloß die schädliche Wärme der Hand den kleinen Strauß. Der Weg führte an Feldkapellen und biederen alten Bauernhöfen vorbei. Ein ackernder Bauer zog seine Furchen, die eine Schar Vögel kreuzte, um in die Ferne zu ziehen.
Da kam ihr ein junger Mann entgegen, den sie für einen Einheimi-

schen hielt, weil er kein Bündel mit sich trug. Er erkundigte sich aber, wo die nächste Brücke über die Salzach führte, wodurch er sich als Fremder auswies. Die Frau fragte ihn, wieviel Uhr es wäre. Er lächelte und sagte, er hätte keine Uhr, da er keine brauchte, denn er stände nirgends im Dienstverhältnis. Daraus entwickelte sich ein Gespräch. Der Mann war ein Vagabund, der immer nur weiterzog und frühmorgens nicht wissen wollte, wo er abends schlafen würde. Er wanderte ohne Mantel – nicht des Gewichtes wegen, sondern weil er Vorsorge ablehnte. Da er geistig beweglich war, kam durch gezieltes Fragen seine Einstellung zu dieser Lebensform klar zutage. Was er denn im Winter bei klirrendem Frost machte? Er zuckte die Achseln – das würde sich schon ergeben. Er wäre völlig frei und könnte sich auch ohne Arbeit durchschlagen. Es gäbe für ihn keinen Zwang des Dienstbeginns, noch des Fahrplans. Er brauchte weder Miete noch Steuer zu zahlen; er bekäme keine Lichtrechnung, und die Vorsorge um Brennmaterial für den Winter fiele auch weg. Er brauchte kein Vieh zu füttern, und des abends erwarteten ihn kein Kindergeschrei zu Hause und auch keine Frau, die Geld wollte und über die viele Arbeit klagte. Er hätte kein Gebäude zu erhalten und kein zerbrochenes Geschirr zu ergänzen. Auch wäre er frei von neugieriger und böswilliger Beobachtung durch die Nachbarschaft. Kein Tag wäre wie der andere, sondern jeder stets voll neuer Eindrücke; denn die Welt wäre ja so groß! Er könnte einfach die gleichförmige Enge nicht ertragen. Da aus seiner Rocktasche das Ende eines Spagats heraushing, fragte ihn die Frau, wozu er denn eigentlich ein Stück Spagat brauchte? Von raschem Begriff, wie er sich auch sonst zeigte, zog er gleich den Bindfaden heraus und sagte: »Brauchen's ihn vielleicht für die Blumen?« Denn mehr als ein Taschenmesser benötigte er nicht. Stellvertretend für seine Bindungslosigkeit gab er auch dieses vorletzte Besitztum ab, lächelte und zog weiter.
In der Frau aber regte sich plötzlich das schlechte Gewissen, das Heim, wenn auch nur für ein paar Stunden, verlassen zu haben. Sehr bald kehrte sie um und eilte nach Hause.

Der Überläufer

Auch weltanschauliche und politische Strömungen können den Wandertrieb auslösen. Heilsversprechen oder Neuordnungsparolen wirken auf viele Menschen so anziehend, daß sie wie Motten dem Lichtschein zustreben. Idealismus, Überzeugung und Veränderungsbedürfnis treiben sie auf meist gefahrvolle Wege mit unsicherem Ausgang.
Die Grenze Deutschland – Salzburg zieht sich größtenteils durch waldiges Gebiet oder hochgelegenes Ödland. Sie ist daher, wenn man einer Kontrolle ausweichen will, unschwer zu überschreiten. Dieser Umstand prädestinierte sie dazu, daß Unzufriedene im Jahre 1933, nach der Machtübernahme in Deutschland durch den Nationalsozialismus, von überallher an dieser Grenzstrecke heimlich ins Reich hinüberwechseln wollten. Wie ganz Europa bedrückte auch Österreich ein Wirtschaftstief. Dazu kam im Mai dieses Jahres die vom Nachbarland verhängte 1000-Mark-Sperre, die jede Einreise nach Österreich unterband. Österreichs Fremdenverkehr wurde damit tödlich getroffen. So hatte z.B. das Reisebüro »Degener« etwa zwei Jahre vorher in Golling damit begonnen, den Massentourismus einzuführen. Dazu war Berlin das Sammelgebiet. Durch den sehr niedrigen Pauschalbetrag für die Reise und eine Woche Aufenthalt wurden die Berliner durch ein Plakat angelockt, das ein liebliches Dorf mit Gebirgshintergrund zeigte. Zünftige »Heimatabende« mit Watschentanz und Schuhplattlereinlagen brachten unerwartet großen Erfolg. Damit stiegen die Verdienstmöglichkeiten auf allen Wirtschaftsgebieten durch den Ausbau der Gasthöfe. Infolge der 1000-Mark-Sperre wurden diese »Degener-Reisen« dann nach Oberbayern verlegt. Der zweite schwere Schlag traf die Holzwirtschaft, die durch das überreiche Angebot im Inland nur vom Export lebte. Nun kamen Lieferaufträge nach Deutschland nur mehr an Firmen und Sägewerke, deren Inhaber eingeschriebene Mitglieder der nationalsozialistischen Partei

waren. Die Arbeitslosigkeit stieg sprunghaft an. Nun setzte auch viel Agitation von drüber der Grenze ein, die sich der neuen technischen Mittel, wie Lautsprecher, bediente, die unmittelbar an der Grenzlinie aufgestellt wurden; so z.B. in Gmerk, oberhalb von Dürrnberg. Die Radiowellen wurden zu politischer Propaganda eingesetzt.
Da wurde stets auf die leichte Arbeitsbeschaffung in Deutschland hingewiesen, was durch die angekurbelte Rüstungsindustrie gelang. Nur wenige in Österreich dachten dabei folgerichtig weiter, nämlich, daß diese enormen dafür eingesetzten Summen sich nur durch einen Krieg amortisieren würden. Da hörten all die Unzufriedenen ständig im Radio von Arbeitsbeschaffung und Wohlstand sowie die Prophezeiung einer tausendjährigen Dauer des neuen Reiches. Immer wieder wurde verkündet, wie hier alle Not nur daher stamme, daß Österreich ganz in der Hand der internationalen jüdischen Finanz sei.
Besonders im Land Salzburg spitzten sich nun die politischen Gegensätze in vorher ungekanntem Maße zu. Immer häufiger kam es zu Bombenanschlägen auf öffentliche Einrichtungen. Sogar im Residenzbrunnen entdeckte man noch rechtzeitig einen Sprengkörper. Im April 1934 kam es zu einem Anschlag auf der Bühne des Festspielhauses usw. Um diese Zeit bezogen die Arbeitslosen 10 Schilling 60 Groschen Wochengeld. Da wird in einem Leserbrief darum gebeten, die Radfahrsteuer von S 5,– jährlich auf S 2,– zu senken oder diese durch 60 Groschen monatlich abstottern zu können. In der Jetztzeit scheint angesichts dieser Notlage die Haltung der Österreichischen Nationalbank völlig unverständlich. Statt durch öffentliche Großbauten und Erschließungen der Arbeitslosigkeit Herr zu werden, hortete man Devisen und achtete nur auf eine hohe Golddeckung des Schillings – gleich einem alten Geschäftshaus, das vollkommen unanpassungsfähig an die Marktlage nur nach übernommenen Prinzipien weiterwurschtelt.
Im April 1934 weist die Österreichische Nationalbank eine Zunahme der Goldreserven auf 189 Millionen Schilling aus. Das Deckungsverhältnis des Schillings war auf 22% gestiegen. Der Landeshauptmann von Salzburg, Dr. Franz Rehrl, erkannte das Gebot der Zeit viel besser. Es gelang ihm, nach zähesten Verhand-

lungen in Wien, Geld für den Bau der Großglockner-Alpenstraße zu erreichen.
In Wien war es im Februar 1934 zum Aufstand des Schutzbundes gekommen. Ernste Ausschreitungen zeugten von der Erbitterung jenes österreichischen Volksanteils, der sich als Gegenpol gegen die stets an Zahl zunehmenden radikal-völkisch Fühlenden heftigst zur Wehr setzte. Die sich ständig zuspitzende politische Lage äußerte sich auch durch stets häufigere Protestkundgebungen.
Die Exekutive stand da vor schwersten Aufgaben, wenn die so verschieden Gesinnten im selben Ort gleichzeitig aufmarschierten. Ein Zusammentreffen der so entgegengesetzten Weltanschauungen mußte durch strategische Vorplanung der Aufmärsche unbedingt verhindert werden, weil sonst die gegenseitigen Beschimpfungen sofort in Tätlichkeiten ausarteten. Salzburg und Hallein waren damals ein besonders heißer Boden. Da die Schreiberin dieser Zeilen bis Juni 1934 in Hallein lebte, wo ihr Mann Leiter der Bezirkshauptmannschaft war, hatte sie reichlich Gelegenheit, all diese Spannungen zu beobachten – und vergaß sie auch nicht!
Berchtesgaden und der Obersalzberg mit Hitlers Landsitz, dem Berghof, lagen in nächster Nähe Halleins. Alle Überläufer aus Österreich wurden in Berchtesgaden gesammelt und der »Österreichischen Legion« zugeführt, die vom Landes-Inspekteur Habicht – einem Linzer – geleitet wurde. Diese »Legion« hatte nur militante Aufgaben. Ihr Ziel war die kämpferische Machtübernahme des Nationalsozialismus in Österreich. Nach internationalem Recht waren die ihr beigetretenen Überläufer für ihr Stammland Vaterlandsverräter geworden. Sie konnten daher schwer bestraft werden, wenn man ihrer habhaft wurde. Und das geschah auch durch Haftstrafen, die sie in Lagern wie Wöllersdorf abzusitzen hatten. Schon damals regten sich Stimmen, daß das nicht klug sei. Denn nicht wenige der Überläufer hatten nach einigen Monaten Ausbildung in den deutschen Lagern genug vom Drill und dem andauernd Zur-Kenntnis-nehmen-Müssen, daß sie als Österreicher nur Deutsche minderer Klasse seien, die man erst umziehen müsse. Daher rissen auch drüben wieder viele aus und wollten in die Heimat zurückkehren. Wohl waren auch welche darunter, die wieder heimlich die Grenze überschritten, um hier Sprengkörper zu le-

gen und Aufruhr zu schüren. (Die in der Jetztzeit allgemein gewordene Methode, mit den Hilfsmitteln der neuen Technik politische Ziele zu erreichen, nahm damals ihren Anfang.)
Jene wieder nach Österreich Zurückgekehrten hätte man von den Bombenlegern absondern müssen und als »verlorene Söhne« wieder aufnehmen sollen. Man hätte ihnen die Möglichkeit zu Vortragsreisen im Lande geben sollen, wobei sie ihre Eindrücke von den Schulungslagern und die Gründe ihrer reumütigen Heimkehr unter das Volk hätten bringen können. Aber ganz nach alten militärischen Überlieferungen wurden sie als Landesverräter bestraft. Dieses Vorgehen hielt dann natürlich andere Übergelaufene davon ab, wieder nach Österreich zurückzukehren. Man hatte sich hierzulande selbst um die beste Gegenpropaganda gebracht.
Deutsche Radiosendungen brachten fast täglich stark aufgebauschte Berichte von der brutalen Behandlung der an völkischen Aufmärschen Teilnehmenden. Tatsächliche Ereignisse konnten dann nicht täglich überprüft werden. Als aber am Abend jenes Sonntags, an dem es in Hallein bei einem solchen Aufmarsch zu Zwischenfällen gekommen war, im Radio jenseits der Grenze gigantisch übertriebene Berichte gesendet wurden, war nun ein Vergleich mit den Tatsachen möglich. Wenn man da einen Teilnehmer oder Augenzeugen fragte, was er zu einem solchen verdrehten Bericht der Geschehnisse sage, so kam stets die etwas verlegen vorgebrachte Entschuldigung, da sei eben ein Irrtum durch Fehlinformation unterlaufen. Unentwegt wurden aber auch künftig alle Greuelnachrichten schaudernd geglaubt. Man bemerkte zunehmend, wie damals viele Österreicher eine wahre Massenpsychose erfaßte.
In jener Zeit verging kaum eine Nacht, in der die Gendarmerie nicht Meldung von einem schweren Grenzzwischenfall machte und um Weisungen bat. Auch wurde sie immer wieder des Nachts davon verständigt, daß heute die »Österreichische Legion« einmarschieren würde, um Hallein zu besetzen. Innerhalb des Landes war es auch zu einem dilettantischen Putschaufmarsch von Seekirchen in Richtung Salzburg gekommen. Innerhalb jeder Verwandtschaft zeigten sich damals stark trennende politische Gegensätze, die viel Zwietracht in die Familien brachten. So konnte es auch geschehen,

daß jemand der »Österreichischen Legion« beitrat, um persönliche Genugtuung dafür zu erreichen, daß er sein Ziel bei einer Frau nicht erreicht hatte, dann als Anführer einer Gruppe von Legionären an der Grenze stand und danach fieberte, sie zu überschreiten, um den politischen Leiter absetzen zu können, um Rache zu nehmen. Somit waren diese Einmarschankündigungen auch persönlich eine Drohung von bevorstehenden dramatischen Zusammentreffen. Die damals noch nicht motorisierte Exekutive hetzte immer wieder zu Fuß in das Dürrnberger Grenzgebiet hinauf, traf dann dort aber keine Einmarschierenden. Sie hörte nur wüste Beschimpfungen aus dem knapp an der Grenze aufgestellten Lautsprecher. Die Taktik zielte darauf, den österreichischen Grenzschutz zu zermürben.

Über Österreich ergoß sich auch eine Flut von nationalsozialistischen Zeitschriften. Nicht nur jene, die zu extremem Rassenhaß aufputschten, sondern auch solche geopolitischen Inhalts, die auf Ungebildete und Halbgebildete großen Eindruck zu machen verstanden. Erst im Jahr 1934 wurde ein Verbreitungsverbot erlassen, das bei Übertretung mit drei Monaten Arrest bestraft wurde; aber niemand hielt sich daran.

Was setzte man zum Beispiel in Salzburg dieser massiv staatsfeindlichen Propaganda entgegen? Man betraute einen Oberregierungsrat bei der Landesregierung damit, Leitartikel in den hiesigen Tageszeitungen zu veröffentlichen. Gezeichnet sind sie mit K.F.G. (Karl Foregger-Greifenthurn). Es waren sehr kluge Aufsätze – ohne jegliche Massenwirkung! Von einer Vergabe von Mitteln für Massenpropaganda war keine Rede, nicht einmal für ein Honorar für den Schreiber der Leitartikel! Aber mit anonymen Drohbriefen wurde er reichlich bedacht. Damals kamen auch Briefe von im Ausland lebenden Reichsdeutschen an ihnen unbekannte Österreicher ins Land. Jene im Ausland Lebenden hatten vom »Kampfring der Österreicher im Reiche« unmißverständliche Aufforderungsschreiben bekommen, daß sie nationalsozialistische Propagandabriefe an ihnen Unbekannte (die Adressen wurden beigegeben) nach Österreich abzusenden hatten; denn Poststücke, die keine deutschen Briefmarken trugen, wurden in Österreich nicht zensiert.

Wohl begünstigte der österreichische Staat Formationen der Abwehr wie die »Ostmärkischen (!) Sturmscharen«, »Jung-Vaterland«, den »Heimatschutz« und die Dachvereinigung der »Vaterländischen Front«, aber der Virus des *extrem* nationalen Denkens war schon zu tief eingedrungen. –
Diese Beschreibung der politischen Lage war notwendig, um das kurze Gespräch gelegentlich einer Begegnung mit einem Überläufer in nächster Nähe der Grenze begreiflich zu machen.
Ich war mit meinen Kindern alte Schwammerlplätze aufsuchen gegangen. Bei einer Wegbiegung sah ich, wie ein junger Mann schnell hinter einem Baum Deckung suchte. Ich vermutete sofort in ihm weder einen Räuber oder Wildschützen, sondern einen Grenzüberläufer. Da ich mir bewußt war, durch die Kinder und den Henkelkorb politisch unverdächtig zu wirken, konnte ich versuchen, mit so einem zum Übertritt Getriebenen ins Gespräch zu kommen. Im Vorbeigehen schaute ich zu dem sich hinter dem Stamm Verschiebenden und sagte: »Suchen Sie auch Schwämme?« Zögernd trat er vor, seine gün-graue Windjacke gab eine gute Tarnfarbe ab. Ein kleines Schnurrbärtchen und ein stark seitlich gezogener Scheitel sprachen deutlich davon, welches Vorbild den Mann leitete. Seine harten Züge und die kalt blickenden Augen prädestinierten ihn schon vom Habitus her in diese Richtung. Ich machte ihn aufmerksam, daß er hier im Nadelwald wenig Aussicht habe, etwas zu finden, sondern dem Laubwald zustreben müsse. Seine Antwort bezog sich aber sofort auf die allgemeine Lage der Not. Er sagte: »Da müssen's mit den Kindern bis da herauf steigen, damit's etwas zum Essen zusammenkratzen!« Ich ging auf dieses Thema nicht ein, sondern bedeutete ihm, daß es den Kindern gar nicht schade, sich im Walde zu bewegen. Gleich kam es wieder zurück: »Ja, der deutsche Wald ist auch etwas ganz Besonderes, und wenn erst ganz Europa unter einer Führung stehen wird, kann alles ganz anders werden. Darum muß man gegen diese dummen Völker vorgehen, die das nicht verstehen und sich einer Neuordnung widersetzen!« Ich sagte nur: »Also Krieg!« Worauf er mich verächtlich ansah und sagte: »Typisch österreichische Greuelpropaganda!« Mit überlegenem Lächeln wandte er sich an die Kinder und rief: »Heil! – Dann werdet ihr groß und stark

Aufnahme der Autorin, ein Monat vor der Verhaftung 1941

werden!« Er spähte rundherum, drehte sich um, verließ den Pfad und verschwand im finsteren Tann.
Ich sah ihm lächelnd, aber mit zusammengekniffenen Augen nach.

Der Bleistift

Die Wiederauffindung eines verlorenen Gegenstandes kann zu diesem Zeitpunkt von so großer Bedeutung sein, daß sein Abhandenkommen wie vom Schicksal vorgeplant erscheint.
Die folgende Erzählung beginnt im Lungau, streift den Tennengau, bietet dann aber einen Einblick in die Zeit nach dem Anschluß (1938) und die ersten Kriegsjahre in der Stadt Salzburg. Die von den Ideen der damaligen Zeit Mitgerissenen werden sie als nicht typisch bezeichnen; aber eine von ihnen übergangene schweigende Minderheit hatte früher oder später in irgendeiner Form Ähnliches durchzustehen.
Im Herbst 1941 hatte ich verschiedene Gründe, den Lungau aufzusuchen. Wegen des strahlend schönen Wetters beschloß ich, den Radstädter Tauern zu Fuß zu überqueren. Zwei Jahre vorher hatte der Krieg mit seinen einschneidenden Folgen begonnen, daher begegnete man sehr wenigen Autos. Noch Jahrzehnte später zehrte ich bei jeder Fahrt über den Tauern von dem damaligen Erlebnis der Paßüberschreitung. Denn es ist ein großer Unterschied, ob man im schnellen Tempo vom besiedelten Gebiet – an der Baumgrenze vorbei – zum Friedhof der Namenlosen kommt, der damals noch in hehrer Einsamkeit lag, oder ob man als nächtlicher Wanderer an Sturzbächen vorbei nach stundenlangem Gehen den Alpenhauptkamm erreicht. Wie bewußt wird man sich der Paßhöhe, wenn man sie bei Mondenschein in einsamer Stille überschreitet! Aber auch des Wechsels, daß es nun wieder bergab geht, an schweigend dastehenden römischen Meilensteinen vorbei, die durch ihre verwitterte Inschrift zeigen, was sie all die Jahrhunderte an Temperaturschwankungen auszuhalten hatten. Sie geben Trost, wenn man die wenigen Jahrzehnte des Menschenlebens mit seinen oft furchtbaren Spannungen gegen diese Zeitspanne hält.
Gegen Morgen kam ich nach Mauterndorf. Ziel war aber der kleine Goldbergbaubetrieb ober Schellgaden. Dieser erst kurz bestehende Hoffnungsbau wurde hier auf ausdrücklichen Wunsch Her-

mann Görings errichtet, der viele Jugendjahre im Lungau verbracht hatte und der mit diesem Gau eine neue Einnahmsquelle erschließen wollte; auch weil Deutschland für industrielle Zwecke Gold benötigte und alle Zufuhr aus dem Ausland abgerissen war. Mit großer Mühe wurde da in 1200 m Seehöhe am nördlichen Aufstieg zum Kareck eine Unterkunft für die Knappen errichtet. Die Anlage trug den Namen »Schulterbau«. Obwohl dieses Gebiet seit dem Mittelalter als goldführend bekannt war, konnte man die Versuchsstollen nur auf gut Glück ansetzen und vortreiben, denn das Vorkommen von Gold zeigt sich dort nicht in dünnen oder stärkeren »Adern«, sondern tritt völlig unberechenbar in linsenförmigen Einlagerungen auf. Dadurch ist es dem Zufall überlassen, ob man »fündig« wird oder nicht. Nur während eines Krieges, wenn alle Zufuhr aus Ländern mit reichlichen und bequemeren Goldabbaustellen unterbunden ist, schürft man in so extremen Höhenlagen.
Da ich den Leiter des Unternehmens gut kannte, wagte ich es, mir diesen Betrieb anzusehen. Von zu Hause hatte ich mir ein Werkzeug zum Wurzelausstechen mitgenommen, um dort oben die Wurzelknollen des »Aconitum napellus«, also des Gebirgseisenhutes, ausgraben zu können, der in dieser Höhenlage massenhaft gedeiht. In dieser Wurzel ist ein starkes Gift enthalten, das aber pharmazeutisch benötigt wird. Da mein Mann und ich dafür bekannt waren, nicht konform mit den nationalsozialistischen Ideen zu denken, nun aber dieser Krieg begonnen wurde, fühlte ich mich verpflichtet, etwas beizusteuern, was wohl nicht kriegsdienlich, aber der Allgemeinheit nützlich war, – was durch Sammeln von Heilkräutern geschah, die ich der Apotheke der Landeskrankenanstalten zukommen ließ. Auch war man damals schon so weit geschult, daß man so einen »Ausflug« als kaum vertretbaren Luxus empfand; es sei denn, man verband mit ihm auch einen nützlichen Zweck.
Erst am späten Nachmittag erreichte ich die Knappenunterkunft. Schon vorher hatte ich mich in den dortigen Almhütten nach dem Urteil der einheimischen Bevölkerung über diesen Goldfindungsbetrieb erkundigt. Es war nicht freundlich, der Betrieb wurde als Störung empfunden, wohl auch wegen der immer wieder um Milch vorsprechenden Knappen.

Prachtvolles Wetter erlaubte am nächsten Tag das Ausgraben der Wurzelknollen. Nur wer die Lärchenwälder des Lungaus im Herbst erlebt hat, kennt die unbeschreibliche Schönheit des Farbenzusammenspiels von tiefblauem Himmel mit dem goldgelben, sonnendurchfluteten Geäst der vergilbenden Lärchen. Hier an der Baumgrenze stehen sie schon locker und werden nie geschneitelt. Breit und unbeschädigt hängen ihre Äste bis zum Boden. Man glaubt, in Bernsteinwäldern zu gehen, die sich weitab von sonstigem irdischem Wandeln befinden. Da wollte ich die besonders vertrackte Form eines verwitterten Baumstammes in meinem Notizbuch festhalten. Dieses fand sich, aber wo war der Bleistift? Ich hatte ihn doch vorhin eingesteckt! Sein Verschwinden schien mir unerklärlich und war betrüblich. Ich widmete mich wieder dem Eisenhut, der sich hier vom umgebenden Feuerrot des Moosbeerkrautes in dunklem Blau abhob. Dabei bemerkte ich oft erst im letzten Augenblick die Gefahr der »Gesenke«. Das sind jene senkrechten Stolleneingänge eines alten Bergbaues, deren damalige, hölzerne Überbauten längst vermorscht sind. Farnkrautbüschel und Gestrüpp überwuchern trügerisch die viereckige Tiefe. Wer da allein geht und hineinfällt wartet mit gebrochenen Knochen umsonst darauf, gefunden zu werden. Die Giftwirkung des Aconits ist so stark, daß sich durch die bloße Berührung der Knollen am Abend eine starke Rötung und Anschwellung der Hände und Arme mit fast unerträglichem Juckreiz einstellt.
Als ich den vermißten Bleistift wiederentdeckte, wurde er fast zur Lebensrettung, – zumindest war er der Schlüssel, um aus politischer Haft herauszukommen. Die Vorgeschichte dazu ist lange, aber politisch nicht uninteressant, denn es gibt gerade in Salzburg sehr wenig Schrifttum über diese Zeitspanne. Sehr gekürzt und mit Übergehung all der sehr schweren zusätzlichen persönlichen Auflagen, sei sie möglichst objektiv wiedergegeben.
Schon vor dem Einmarsch der deutschen Truppen in Österreich am 13. März 1938 wußte man, daß Deutschland seine Arbeitslosigkeit durch ständige Steigerung seiner Rüstungs-Industrie erfolgreich bekämpfte. Da sich die dafür ausgegebenen Summen nur durch Kriegsführung amortisieren lassen, war es für jeden klar Denkenden deutlich zu erkennen, wohin die Fahrt ging. Im Salz-

burger Gymnasium wurde durch stadtbekannte Schulungs-Inspektoren, die während des Englischunterrichtes auftauchten, erklärt, die deutsche Jugend brauche nicht mehr Englisch zu lernen, weil England durch die jüdische Hochfinanz sein nordisches Volkstum verloren habe. Nach Besetzung durch die deutsche Jugend werde dieses auf rassische Abwege gekommene Volk Deutsch lernen müssen, nicht aber wir die englische Sprache! Da sowohl Sohn wie Tochter Mittelschulen besuchten, hörte man da täglich beim Mittagessen solche Ankündigungen. Große Gebiete im Geschichtsunterricht wurden gestrichen; aber auch Erdkunde war nebensächlich geworden, denn alle Grenzen mußten erst nach deutschem Plan neu gezogen werden. Interessant waren nun der Osten und besonders die Ukraine mit ihrem ein Meter tiefen Humusboden, um dort deutsche Bauern anzusiedeln. Im Februar 1939 kam der Befehl zur radikalen Dachboden-Entrümpelung wegen Feuergefahr, die Salzburg so unendlich viel seiner alten Hausratssubstanz kostete und ein deutlicher Hinweis auf die nahende Gefahr eines Krieges war. Zahllos waren die Voranzeichen eines geplanten Kriegsbeginnes. Davon nur zwei Beispiele: Um diese Zeit kam es hier zu einer Zukkerbäcker-Tagung, bei der hauptsächlich besprochen wurde, wie man durch Ersatzstoffe Eier, Weißmehl und Zucker einsparen könnte. Im Mai 1939 erschien durch Indiskretion nach einer Parteisitzung im »Salzburger Volksblatt« eine Aufforderung an die Hausfrauen, sich mit Vorräten zu versorgen, da es im September (!) zu Verkehrsstörungen kommen könnte! Derjenige, der diese Weisung an eine Zeitung weitergab, wurde dann natürlich zur Verantwortung gezogen; was man aber auch erfuhr. Damit wurde die Gefährlichkeit des Wissens um diesen Termin (Kriegsbeginn war 1. September 1939) noch unterstrichen. Aber es gab damals eine besonders hohe Anzahl von Blinden und Tauben. – 1918 hatte ich als Siebzehnjährige den Zusammenbruch Österreich-Ungarns erlebt und ihn mit all seinen Begleitumständen nicht vergessen; denn die Auswirkungen auf die Zivilbevölkerung waren größer und nachhaltiger gewesen als jene auf das sich auflösende Heer. Unablässig dachte ich darüber nach, wie es anzustellen wäre, einen von der Hauptstraße abgelegenen Zufluchtsort erwerben zu können, der auch halbwegs die Möglichkeit der Selbstversorgung bot.

Erst im Herbst 1938 hörte ich gelegentlich einer Suchwanderung auf den Schlenken (bei Hallein) von einer an der Almgrenze liegenden notleidenden Bauernwirtschaft, die zu verkaufen sei. Sie erwerben zu können, war nun das Ziel all meiner Anstrengungen. Mein einziges Pfand und mögliches Sprungbrett war der zirka 1800 m² große Wiesengrund in Kleingmain, den ich als Heiratsgut bekommen hatte.
Salzburg war 1938 zum Sitz des Heeres-Oberkommandos des XVIII. Wehrkreises bestimmt worden. Um die vielen Dienststellen rasch unterbringen zu können, trat nun die Heeresbauleitung als rascher Käufer von Villen und Grundstücken auf, was die Preise dafür in der Stadtz und am Stadtrand schnell ansteigen ließ. Als eigentlichen Sitz des Oberkommandos hatte man aber jene Hälfte des Mönchsberges ausersehen, die von der Bürgerwehr bis Mülln reicht. Die dortigen Mulden sollten aufgefüllt werden. Den Mietern der wenigen Häuser, so auch jenes Nr. 25, das ich später erwarb, war deshalb schon die Kündigung zugestellt worden, die ich dann 1949 selbst noch durchlas. Auf dieser großen Fläche sollte nach Plänen deutscher Heeres-Architekten eine Art Hradschin, wie in Prag, errichtet werden. Geplant war auch, das Kapuzinerkloster abzureißen und an seiner Stelle eine Art Tempelbau in neoklassizistischem Stil – in der Art des »Hauses der deutschen Kunst« in München – erstehen zu lassen; auch große steinerne Löwen, die die Staatsbrücke zu flankieren hatten.
Nun war der Augenblick gekommen, den Grund in Kleingmain gut zu verkaufen, um schnell die auf 1130 m Seehöhe gelegene Wirtschaft erwerben zu können, noch bevor auch auf dem Lande die Grundstückpreise stiegen. Aber vorher mußten die schweren Hindernisse beim Amt des Reichsnährstandes überwunden werden. Zu Recht gab es da ein neues Gesetz, das den Kauf von Bauernwirtschaften durch Nichtbauern verbot, so diese Anwesen die Möglichkeit boten, eine bäuerliche Familie zu ernähren. Es war nun an mir, die Herren dieses Amtes davon zu überzeugen, daß diese Bedingung nicht gegeben war, wie es die starke Verschuldung des Besitzers zeigte; sowie auch der erbärmliche Zustand des Hauses, wo z. B. viele Türen nicht einmal mit eisernen Türbändern in den Angeln hingen, sondern durch Oberteile von alten Schuhen (!) halb-

wegs an den Türstock befestigt waren. Natürlich hatte dieser Bauernhof im Grenzgebiet des Besiedlungsgebietes auch noch die archaische Form eines »Eintret«-Stalles. Vor allem aber betonte ich in diesem Amt immer wieder, welch kurze Zeit die Felder in dieser Höhenlage schneefrei seien und daher sogar der Berghafer mühseligst mit der Sichel unter dem Schnee abgeerntet werden müsse. Der Hauptgrund aber, mir die Kaufgenehmigung zu geben, war, daß ich ihnen in Aussicht stellte, einen Versuchsbau für Digitalis, also den das Herzmittel enthaltenen Fingerhut, zu erproben.
Als ich nun wirklich die Erlaubnis zum Kauf erreicht hatte, sprach sich das herum. Rechtsanwälte, die solche Höfe für ähnlich denkende Klienten durch Kauferlaubnis zu erreichen trachteten, sprachen mich auf der Straße an und erkundigten sich, wie ich diese Hürde übersprungen hätte. Ich bedeutete ihnen, daß mir die Idee des Digitalis-Anbaues gekommen sei; ein zweites Mal werde das nicht gelingen, – da müsse ihnen eben etwas anderes einfallen.
Bevor ich nicht sicher war, das Waldgut – Holz hatte damals gar keinen Preis, schon gar nicht, wenn es keine Zufahrtsstraße gab und auch weit und breit kein Stromanschluß bestand – wirklich in meinen Besitz zu bekommen, hatte ich natürlich mein Wiesenstück nicht verkauft. Nun, nach fünf Monaten Tauziehens mit dem Reichsnährstand, als die Genehmigung winkte, wandte ich mich an die Heeresbauabteilung, um es ihr als Baugrund anzubieten. Aber sie drückten eher verlegen herum und zögerten, ohne eine Erklärung zu geben, was mir nach all den Käufen, die sie bisher getätigt hatten, höchst merkwürdig schien. Nun lebte aber in unserer Nachbarschaft der Chef dieses Amtes, von dem ich mir durch die Schulklassenbekanntschaft unserer Töchter nähere Informationen erhoffte. Tatsächlich erzählte mir dann meine Tochter, er habe ihr gesagt, vor kurzer Zeit sei Weisung aus Berlin gekommen, den Grundkauf in Salzburg einzustellen. Die Auskunft schien mir sehr inhaltsreich! Und so ging ich, obwohl ich nun wußte, daß der Verkauf aussichtslos wäre, noch einmal in jenes Heeres-Bauamt, um nachzufragen, ob sie nicht doch Interesse am Ankauf hätten. Als sie wieder gewunden ablehnten, sagte ich ganz leichthin: »Man erzählt sich ja in der Stadt, die Ankäufe seien vor kurzem gestoppt worden.« Die Wirkung dieses Satzes war unglaublich! Entsetzt

und zuerst wie versteinert, sahen sie einander und mich an und überschlugen sich dann in Fragen, woher ich das wisse!? Ich redete mich auf ein allgemeines Gerücht aus und entfernte mich rasch. Durch ihren Schrecken bezeugten sie, daß es sich bei diesem Kaufstopp nicht um eine momentane Verfügung, vielleicht aus finanziellen Gründen, handelte, sondern um den Abschluß einer kurzen Aufbauetappe, die nun einem militanten Vorhaben weichen mußte, das die Umschaltung aller Kräfte auf dieses Ziel bedeutete. Ich wußte nun Bescheid, daß der Kriegsbeginn nicht lange auf sich würde warten lassen. Ich verkaufte nun mein Wiesengrundstück an Private, da immer mehr Leute plötzlich Lust bekamen, ein Grundstück zu besitzen. Sogar für die Almwirtschaft auf dem Spumberg, die jahrelang nicht verkäuflich gewesen war, meldeten sich jetzt zu spät gekommene Interessenten.
Jener Tag des 1. März 1939, an dem sich beim Notar die Besitzübertragung abspielte, wird mir stets unvergeßlich bleiben. Bisher hatte ich nur 80 Mark Angeld geben können. Da ich nur 30 Mark Eigengeld hatte, lieh mir mein Mann 50 Mark dazu. Nun erlegte ich beim Notar den gesamten Kaufpreis von 12.500 Mark, war aber finanziell nun wieder vollkommen blank, und eine ungeheure Aufgabe stand vor mir. Da lag ich am 1. März im verlassenen, eiskalten, klapprigen Haus, in einem der leeren Räume auf einem alten Strohsack. Zwei Zimmermannsschragen, auf die man ein paar Bretter gelegt hatte, dienten als Bettstelle. Ein alter Kotzen und ein mit Heu gefüllter Polster waren als »Inventar« geblieben und erinnerten nachdrücklich daran, was ich mir da angefangen hatte. Nach all der Anspannung wurde mir bei draußen heulendem Sturm zum ersten Male bewußt, daß mir ein Kelch voll übermenschlicher Anstrengungen bevorsteht. Die Nachbarinnen bekreuzigten sich bei dem Gedanken, dort allein übernachten zu müssen, da es hieß, daß es in diesem Hause »umging«; wahrscheinlich weil beim geringsten Luftzug alles klapperte, aber auch weil vor zwei Jahrzehnten die hier hausende Besitzerin in dem Ruf stand, eine Hexe zu sein, die unter anderem die Macht gehabt haben soll, Kühen in anderen Ställen plötzlich die Milchgebung zu sperren. Auch soll ihr Mann Heufuder »bannen« gekonnt haben, so daß sie auch vier Zugtiere nicht von der Stelle wegziehen konn-

ten, wo er sie gebannt hatte. Erst wenn man ihn bittete und bat, den Bann zu heben, hätte dann nur eine Kuh das Gefährt leicht fortziehen können. Auch erzählten mir später kräftige Bauern, als ich da oben wegen meiner Verschwiegenheit allseits Vertrauen fand, daß sie beim Vorbeigehen an »Zillreith« immer in die Tasche griffen, um mit der Hand einen alten geschmiedeten Nagel zu ergreifen, der durch Schutzsprüche die Kraft erlangt hatte, vor den Blicken und Verwünschungen der alten Hexe zu schützen. Ich überspringe meine Erlebnisse, die ich dann in zehn Jahren da oben durchzustehen hatte, – sie würden ein ganzes Buch füllen! Die übermäßige körperliche Inanspruchnahme verhalf mir zu einem Herzschaden, aber auch, eine schwere Krise zu überstehen; fügte aber meinem Glauben an die Menschen und dem Idealismus, einer verkommenden Almwirtschaft wieder aufhelfen zu können, einen schweren Schock zu. – Es sei nun zur eigentlichen Geschichte, der Bleistiftauffindung, zurückgekehrt. –
Felsenfest davon überzeugt, es stünden lange Jahre des Friedens bevor, verpachtete der Ortsbauernführer von Adnet (jener Gemeinde, zu der meine Almwirtschaft gehörte) seinen Grund und »ging in die Arbeit«, ich glaube, in einen dortigen Steinbruch. Der in Adnet an vielen Stellen gebrochene rote Stein läßt sich gut polieren. Da er der Liasform entstammt und kein eigentlicher Marmor ist, ist er nicht wetterfest, aber farblich zur Ausstattung von Innenräumen sehr dekorativ. Seit dem Anschluß war für alle Sorten dieses Steines eine Auftragswelle – nach vorherigen kümmerlichen Zeiten – angebrochen, denn für das Tausendjährige Reich waren nun viele Prunkbauten zu errichten. Der Bedarf an diesem Stein stieg unaufhörlich. Und so rief man italienische Steinmetze, denen die Steinbearbeitung im Blut liegt, während die Einheimischen bei weitem die Holzarbeit vorziehen und schier Widerwillen gegen den Umgang mit Stein zeigen. Die herbeigerufenen Italiener waren natürlich der deutschen Sprache nicht mächtig und daher ohne Umgang mit den Ansässigen, was höhererseits als ein großer Vorteil angesehen wurde – denn sie konnten nichts ausplaudern! Besonders dann, wenn sie auf dem Obersalzberg, Hitlers Erholungssitz, zum Einsatz kamen. Wenn ich nun den mindestens drei Stunden langen Aufstieg zu meinem Hof antrat – ich verpachtete ihn um

Gasthaus »Zillreith«, 1930

20 Mark im Monat –, unterhielt ich mich immer mit diesen gutmütigen, fleißigen italienischen Arbeitern, die froh waren, mit irgend jemandem in ihrer Sprache reden zu können. Nie drang etwas in die Zeitungen, was auf dem Obersalzberg an Stollen, Vorratsräumen oder Marmorverkleidungen und Liftbau mit großer Eile vorangetrieben wurde. Wort und Tat klafften ja damals sehr weit auseinander! Die drückende Zeit der Arbeitslosigkeit war überwunden, – da fragte und dachte man nicht weiter, auch war doch ein tausendjähriges Reich versprochen.

Am 1. September 1939 begann der Krieg durch den Einmarsch in Polen. Einige vorübergehende Verkehrsstörungen, die man schon im Mai vorausgeahnt hatte, traten ein; auch entstanden gleich die wohlvorgeplanten Wirtschaftsämter für die nun zu rationierenden Lebensmittelzuteilungen.

Die Rationen wurden immer kleiner, aber auch die Hoffnung der Bevölkerung auf einen schnellen Abschluß des »Blitzkrieges«. Der Ortsbauernführer sann nun darüber nach, wie er seinen Pächter losbringen könnte, um seinen Hof wieder selbst bewirtschaften zu können. Aber nur wenn er ihm einen neuen Bewirtschaftungsplatz anbieten konnte, war dies zu erreichen. (Diesen Umstand erfuhr ich aber erst viel später.) Für den Pächter meines Hofes würde man eine Lösung finden, – das Haupthindernis sah man in mir.

Da ich damals noch eine Hausgehilfin hatte, konnte ich in den ersten Jahren noch jede Woche hinaufgehen und sommersüber mit der Familie oben bleiben und pausenlos mitarbeiten. Ich übergehe, was sich da an Schwierigkeiten auftürmte, wie z.B., nach dem Einrücken des Pächters die vorgeschriebenen Holzlieferungen zu erfüllen. Mit Hilfe meiner Kinder mußten schwerste Bäume, noch dazu im Steilgelände, mit der Zugsäge gefällt, geschepst und entastet werden.

Ein kleiner Ausschank ohne Speisenreichung war mit dem Hof verbunden. Am Sonntag kamen meist ein paar Nachbarn, tranken Bier und spielten Karten. Ein Drittel davon waren Analphabeten, was sich schon im Kaufvertrag gezeigt hatte, da von den sieben Teilbesitzern des Hofes drei nur mit drei Kreuzen unterzeichnen konnten. Das Lesen von Zeitungen war ihnen unbekannt; daher kamen sie mit Vorliebe, wenn sie wußten, daß ich anwesend sei, um Neuigkeiten zu hören. Ihr Horizont war sehr eng. Zum Beispiel war es unmöglich, ihnen den abstrakten Begriff »Staat« zu erklären. Bauern aus der angrenzenden Gemeinde Oberalm waren für sie *Ausländer;* gar nicht zu reden von Bewohnern hinter dem Paß Lueg! Es war Krieg, einige mußten einrücken, auch mußten sie Produkte abliefern. Warum, das alles begriffen sie nicht. Von den Ländern, in die einmarschiert wurde, hatten sie nie etwas gehört, mit Ausnahme von Italien, dem sie durch ihre im 1. Weltkrieg dort kämpfenden Väter Mißtrauen entgegenbrachten. Da sie als Bergbauern arm waren und immer großer Mangel an Bargeld herrschte, waren besonders die Frauen äußerst bedürfnislos. Der immer stärker werdende Warenmangel betraf sie hauptsächlich bezüglich der Schuhe, die bei ihnen viel stärkerem Verschleiß ausgesetzt sind. Durch Schafhaltung verfügten sie aber über Wolle, die zu Hause verarbeitet und verstrickt wurde.

Einen Monat nachdem ich im Lungau gewesen war, saß ich wieder einmal in ihrer Runde; da trat der Ortsbauernführer ein. Alsbald stichelten ihn die Bauern mit der Frage, wieso er eigentlich Bauernführer sei, wo er doch keine Wirtschaft mehr führe, sondern in die Arbeit gehe. Auch die ihnen lästige Butterablieferung hielten sie ihm vor. Über Politik wurde nicht gesprochen, da sie so nichts davon verstanden. Nur, daß der Führer am Göll nun einen Besitz habe, – woher er ihn denn auf einmal habe? – und daß dort viel gebaut werde, – wer denn das zahle? Der Ortsbauernführer blieb nicht lange, sondern entfernte sich verdrossen mit einem Nachbarssohn gleicher Überzeugung. Die verbliebene Runde und ich wußten nicht, daß die beiden nun draußen hinter dem geschlossenen Fensterbalken horchten. Lob über seine Verfügung hörte er bestimmt nicht, sondern nur Kriegsunwilligkeit. Nun schien mir die Gelegenheit günstig, ihnen durch das Beispiel vom Führer die viel größere Wirkung von geistiger Arbeit im Vergleich zu rein körperlicher begreiflich zu machen. Ich kannte ja ihren Haß gegen geistige Arbeiter, da diese in geheizten Büros sitzen, während die Bauern bei jeder Witterung im Freien arbeiten mußten.

Ich wollte ihnen erklären, welch ungeheure Wirkungen aber den Ideen nachfolgen können, die doch nur dem Kopf entspringen und nicht den schwieligen Händen. Und wie Kopfarbeit sehr wohl auch

Greifbares entstehen lasse. Um ihnen das in ihrer einfachen, derben Sprache eher begreiflich zu machen, drückte ich mich mit folgendem trivialen Vergleich aus. Ich sagte wörtlich: »Schaut's euch den Hohen Göll an; vom ganzen Berg ist der Obersalzberg nur ein kleiner Teil. Dort liegt das Haus, wo der Hitler wohnt. Dort ist er selbst nur ein Bewohner, und von ihm ist es nur der Kopf, – aber von diesem Kopf mit seinem Batzerl Hirn gehen alle Befehle aus. Seine Hand könnte nie so große Veränderungen hervorbringen!«
Der Ortsbauernführer hatte genug gehört; mehr brauchte er nicht, um die Anzeige beim Ortsgruppenleiter zu erstatten, denn er und der Zeuge hatten beide gehört, wie ich zu den Bauern sagte: »der Führer mit seinem Batzerl Hirn« und andere vollkommen verdrehte Satzteile, die, aus dem Zusammenhang gerissen, ihren Sinn gefährlich veränderten.
Als ich eine Woche später wieder auf den Berg kam, sagte mir die Frau des Pächters: »Frau, du sollst anzeigt sein!« Mir stockte der Atem. Sie wußte aber nicht, weshalb. Daraufhin kehrte ich noch am selben Tag nach Hause zurück, denn mein Mann war verreist. Ich teilte meinem 15jährigen Sohn die auf mich zukommende Gefahr mit, zugleich ihn bittend, es möge nur ja keiner unserer Bekannten anderer Gesinnung gebeten werden, bei der Gauleitung oder Gestapo für mich einzutreten. Voll Unruhe wartete ich auf das Klingelzeichen des zu erwartenden Besuches. Merkwürdigerweise erhielt sich diese angstvolle Unruhe noch jahrelang! Sooft es läutete, erschrak ich. Am nächsten Tag schrillte dann die Glocke, und ein Mann der Geheimen Staatspolizei traf ein. Er forderte mich auf, mitzukommen, und ich folgte ihm äußerlich ganz ruhig, da ich ja darauf gefaßt war. Die Büros der »Gestapo« befanden sich im zwangsgeräumten Franziskaner-Kloster. Da ich mir – gerade bezüglich dieser letzten Unterhaltung mit den Bauern des oberen Spumbergs – keiner gefährlichen Bemerkungen bewußt war, aber im übrigen kein reines Gewissen hatte, ahnte ich ein schweres Verhör, das aber wohl mit dem Besitz auf dem Spumberg im Zusammenhang stehen würde, da er mich sofort gefragt hatte, ob ich die Besitzerin des »Zillreithgutes« sei? Bevor das Verhör begann, schlug ich ein Knie über das andere, um bei gefährlichen Fragen ein unwillkürliches Ausschlagen der Beine zu bremsen. Auch ver-

schränkte ich darüber die Hände, um auch diese eisern zu fixieren, und nahm mir vor, auf alle Fragen, ob leicht oder schwierig, nur ganz langsam zu antworten und einen gleichmäßig ruhigen Gesichtsausdruck zu bewahren; auch nach Möglichkeit nicht mit den Augenlidern zu klappern. Das Verhör war scharf und in bewußt einschüchterndem Ton, aber nicht brüllender Art, wie dann Jahre später, knapp vor Kriegsende, mich eines erwartete. Er hielt mir acht Anklagepunkte vor. Es waren Satzteile aus meinem damaligen Gespräch mit den Bauern, aber willkürlich ins Schuldhafte verändert. Die ersten schienen mir vollkommen aus der Luft gegriffen, und ich leugnete daher, sie gesagt zu haben. Dann aber kam jener Satz vom »Batzerl Hirn des Führers«, den ich, bei erstauntem Gesichtsausdruck des Verhörenden, sofort zugab – aber als ganz aus dem Zusammenhang gerissen. Ich erzählte den Hergang und was ich dabei noch den Bauern von den Wirkungen einer dem Kopf entsprungenen Idee vorgehalten hatte. Dabei hatte ich das Glück, ganz dieselben Ausdrücke zu verwenden wie damals. Ich gebrauchte Satzwendungen, die er als weitere Anklagepunkte aufgezeichnet vor sich im Akt angeführt sah, die er mir aber noch nicht vorgelesen hatte! Als er sie mir dazu vorhielt, gab er zu, daß sie in dem von *mir* angegebenen Zusammenhang gefallen sein mußten. Unwillig – aber doch erstaunlicherweise – sagte er: »Was, philosophieren Sie auch mit Bauern!« Als Anklage blieben aber jene ersten mir unbekannten Äußerungen, die genügten, um mich ins Polizeigefängnis bei der Karolinenbrücke abzuliefern. Ich weiß nicht, warum ich so eiligen Schrittes dorthin ging, so daß mir der Gestapomann kaum folgen konnte, wahrscheinlich weil ich nicht wußte, was mich dort erwartete.
Ich hatte denselben Lodenmantel an, den ich im Lungau getragen hatte, und ahnte nicht, daß jener damals vermißte kleine Bleistift durch eine kleine Öffnung im Taschenfutter geschlüpft war und nun hochkant im dicken Umschlag der Mantelkante steckte. Da entging er nun auch den untersuchenden Händen der Frau, die alles, was man bei der Einlieferung am Leibe trägt, einzeln durchgreift.
Ich kam in die berüchtigte Einser-Zelle. Zuerst sah ich überhaupt nichts und glaubte zu ersticken, denn die Luft hier war durch die

Verdauungsgase in dem maßlos überfüllten Raum hellblau geworden. Ich stand wie versteinert da und unterschied erst nach und nach noch elf Leidensgenossinnen, die auf dem Boden saßen. Denn hier fehlte jegliche Einrichtung, außer dem eingebauten Klo. Alle diese bleichen, unterernährten Gesichter starrten mich an. Lange Zeit stand ich wie erstarrt da und glaubte, nun sicher ersticken zu müssen. Die kleine, vergitterte Oberlichte durfte nur vom Wachpersonal geöffnet werden. Um vier Personen die Möglichkeit zu geben, auf und ab gehen zu können, mußten abwechselnd die acht anderen sich eng auf dem Boden zusammensetzen. Es kam das erste Abendessen: ein halber Blechnapf voll Kohl mit 5–6 halben, schwärzlichen oder glasig gefrorenen Erdäpfeln. Dann wurden für das Nachtlager die Strohsäcke hereingeworfen, die Klumpen von Staub und Strohbrösel enthielten. Die dabei erzeugten Staubwolken nahmen nun wirklich jede Sicht und verursachten Erstickungshusten. Unter all den erschreckenden Gesichtern hatte ich ein menschliches Antlitz entdeckt, und so suchte ich mir dieses Wesen als Partnerin auf der Liege für die kommenden Nächte aus; denn zwölf Strohsäcke hätten hier nie Platz gehabt. Das Licht wurde sehr bald abgedreht, und man lag da. Leise erzählte mir meine Leidgenossin, sie sei eine Bauernmagd aus dem Lungau und wegen ihrer Zuneigung zu einem französischen Gefangenen, der am selben Hof arbeitete, hier hereingekommen. Wir beteten leise und starrten in die Finsternis. In den kommenden Tagen lernte ich dann meine Zellengenossinnen unterscheiden. Darunter befanden sich fünf polnische Arbeiterinnen, die nur die drei ordinärsten Ausdrücke der deutschen Sprache kannten, die sie uns ständig entgegenriefen. Weiters saßen hier zwei Zigeunerinnen, ein Straßenmädchen, eine Diebin und eine alte Alkoholikerin. Als Neuangekommene baten sie mich, ihnen etwas zu erzählen, damit die endlose Zeit des Auf-dem-Boden-Hockens etwas schneller verging. Und da erzählte ich ihnen, um wieviel schrecklicher das Eingesperrtsein in mittelalterlichen Kerkern war, die mit Recht oft »Faultürme« genannt wurden, da sie ohne Abzugskanal waren und den Gefangenen im stinkenden Morast die Beine abfaulten. Einmal in der Woche war Schreiberlaubnis. Jede bekam einen Bleistift und ein Blatt Papier, die dann abgezählt wieder abgelie-

fert werden mußten; aber beide Zigeunerinnen waren Analphabetinnen. Eine war jung und sehr hübsch, die andere Mutter von zwei Kindern. Sie nahmen wenig Kontakt mit den anderen auf, aber manchmal, stets in der Nacht und ganz plötzlich, setzten sie sich auf und fingen zu heulen an. Nicht, daß sie weinten, sondern sie heulten wortlos wie Tiere, gleich großen, immer angeketteten Hunden. Sie waren schon zweimal aus ihrem Sammellager, in das diese Herumziehenden zwangsweise gebracht wurden, ausgebrochen, weil es einfach ihre Wesensart war. Bei dreimaligem Ausbrechen harrte ihrer aber das Vernichtungslager, – was sie genau wußten. Trotzdem zeigten sie bei Tag viel mehr Haltung als die anderen hier Zusammengepferchten. Die Verzweiflung der Zigeunerin-Mutter um ihre zwei zurückgelassenen Kinder und die so selten geäußerten, aber so bitteren Klagen der schönen Jungen um ihr unerfülltes Leben bleiben mir unvergeßlich. Sie baten mich nun, für sie eine Eingabe an die Gestapo zu schreiben. Ob man sie nicht doch noch einmal in ihr Lager zurückkehren ließ. Auf dem Boden liegend (wegen harter Schreibunterlage), nahm ich alles zusammen, um eine herzbewegende Bittschrift zuwegezubringen, die ich ihnen dann vorlas.
Der Hunger war nagend, denn auch zu Mittag gab es nichts anderes als gefrorene Kartoffeln und Sauerkraut. In der Früh, im selben schmirgelnden Napf, eine undefinierbare, schwarze »Kaffee«-Brühe ohne Milch und ein Stück Brot, mit dem man den ganzen Tag auskommen mußte. Die natürlich auch unter dem Hunger leidenden Polinnen versuchten nun, der einen oder anderen Insassin beim Hereinreichen der Portionen den Napf zu entreißen, was ihnen bei mir auch gelang, weil es mir trotz Magenknurren zutiefst widerstrebte, mit ihnen zu raufen. Aber da traten die Zigeunerinnen als Kämpferinnen für mich auf und entrissen ihnen meine Ration.
Wieder und wieder sann ich über jene mir beim Verhör angelasteten Sätze nach. Hätte ich einen Bleistift gehabt, so wäre es mir möglich gewesen, sie untereinander zu schreiben und etwas Lautähnliches, aber Harmloses jedem Ausspruch, den ich gemacht haben sollte, gegenüberzusetzen. Wenn man das klar nebeneinandersetzte, so hätte man bei der künftigen Einvernahme dann die Er-

klärung, wieso der Horcher meine Reden mißverstehen konnte. Immer wieder kam der Gedanke, – wenn ich nur einen Bleistift hätte!
Als mein Mann für mich das fehlende Waschzeug abliefern wollte, wurden nur Seife und Schwamm übernommen, aber nicht die Zahnbürste und Paste, das zeigt, in welchem Zustand, bei kleiner Waschmuschel und ohne Bad, wir gehalten wurden. Wieder einmal lehnte ich an der offenen Klotüre, die man wegen der über sie gehängten Mäntel nicht schließen konnte, gab es doch hier auch keine Kleiderhaken. Mein Mantel hing zufällig zuoberst über der Türkante, so daß ich mich mit dem Arm an seinen unteren Saum anlehnte. Da spürte ich etwas Hartes. Ich dachte nach, was das sein könnte, ohne danach zu greifen; denn man wird in solcher Umgebung vorsichtig. Ich drückte den Arm stärker an, – und im selben Augenblick erriet ich es. Es konnte nur der damals vermißte Bleistift sein, der sich hier im Mantelfutter versteckt hatte. Ich griff nicht gleich zur Vergewisserung hin, weil eine Arrestantin die andere aus Langeweile unaufhörlich beobachtete. Aber es mußte in meinen Augen aufgeblitzt haben! Denn die ältere Zigeunerin, die da auf dem Boden saß, sagte mit ihrer tiefen Stimme: »Frau, was war denn jetzt?« Ich hatte da wieder den Eindruck, daß nämlich bei gleichem Intelligenzgrad durch die unaufhörliche Betrommelung des Gehirns mit bewußt oder unbewußt Gelesenem (wie Reklame) viele andere Wahrnehmungsfähigkeiten beim »Gebildeten« verkümmern, die aber bei Analphabeten noch von Vorzeiten her ungebrochen vorhanden sind und ihnen vieles, auch an dunklen Naturkräften, erkennbar machen. Ich antwortete der mich unbeweglich, mit düsteren Augen Anstarrenden: »Mir ist etwas eingefallen.« Aber sie ließ mich nicht aus den Augen. Später ging ich in das Klo und zog die Türe so weit wie möglich zu. Riß dann vom Zeitungspapier ein paar schmale, unbedruckte Randstreifen ab und steckte sie ein. Später konnte ich mir unbemerkt stenographisch die gut überlegten, so notwendigen Notizen machen.
Der Aufenthalt im Polizeigefängnis dauerte zirka 14 Tage, was nicht lange ist, wenn man es vorher wüßte. So aber, ohne weiteres Verhör, gab man sich den schwärzesten Vermutungen hin. Unauslöschlich gruben sich da Eindrücke ein. So, wie manchmal nach

Mitternacht das Türaufreißen zu den Nachbarzellen begann. Da wurden die für das Konzentrationslager bestimmten Häftlinge herausgeholt. Manchmal hörte man einen Schrei und Getümmel, in der Regel nur das Geklapper der Holzschuhe der am Gang Vorbeigeführten. Nie hätte ich gedacht, daß dieses, obwohl nur von Holz erzeugte, Geräusch so zermalmend wirken könnte. Einmal wurden wir für zwei Tage auf andere Zellen verteilt. Da lernte ich jene früher in Salzburg auf der Bühne stehende, ältere Schauspielerin, eine Jüdin, ich glaube namens Horn, kennen, die später in einem KZ umkam. Man erzählte mir nach 1945, es habe dort ein Hemd gefehlt, was in dieser Abteilung mit schärfsten Strafen geahndet wurde, worauf sie laut gesagt habe: »Steht dafür wegen einem Hemd«. Darauf habe man sie über Nacht bei großer Kälte in eine jener Ein-Mann-Gruben gebracht. Ein Pfahl mit anhängendem Strick stand da in der Mitte. Sie machte Gebrauch davon, um erlöst zu sein. Ob dies den Tatsachen entspricht, weiß ich nicht, aber der kurze Aufenthalt in jener Zelle gab mir mehr als alle Vorträge bekanntester Redner. Das ist wohl nicht verwunderlich, weil ich da einer denkenden, schon lange leidgeprüften Frau gegenüberstand. Unausweichlich sah sie ihr Ende kommen, aber klagte nicht! Sie ließ sich den Grund meines Hierseins erzählen und schwieg. Dann holte sie eine kleingedruckte Bibel aus einem Versteck. Mit einer Haarnadel mußte ich nun nach Gutdünken zwischen die Seiten fahren, was man als »Bibelstechen« bezeichnet. Es ist dies eine Form, um eine individuelle Prophezeiung zu bekommen. Sie ist früher viel herangezogen worden, wurde aber später als Aberglauben verboten. An der Stelle, wo nun die eingeschobene Haarnadel ruhte, las sie nach. Dann hob sie ihren Kopf und sah mich mit ihrem eindringlichen Blick an. Sie sagte: »Ich bin froh – Sie kommen hier heraus, ich nicht.« Dann las sie den von der Nadel angezeigten Satz vor, an dessen genauen Wortlaut ich mich leider nicht mehr erinnere; dazu auch den ihn umgebenden Absatz. Der Sinn des Ganzen war, die Gefahr würde vorübergehen, denn Aufgaben stünden mir noch bevor. Obwohl mir ziemlich hoffnungslos zumute war, stärkte mich das Gehörte. Gab es für mich noch eine Aufgabe zu erfüllen, und worin bestand sie? Ich vergaß, in einer Zelle zu stehen; der Raum hatte sich geweitet und schien keine begrenzenden Mauern mehr zu

haben. Sie stand mir immer noch mit wissendem Blick gegenüber, den ich nach 40 Jahren noch wie gegenwärtig sehe.
Am 8. November wurde ich ins Landesgericht überstellt. Beim Hinüberführen frug mich der Polizist: »Was haben's denn ang'stellt? Sie passen so gar nicht da herein.« Dort war kein solcher Zellen-Überbelag, die Kost war besser, aber auch so, daß man stark abmagerte. Ich fand hier eine arme ältere Hausnäherin, die von Kaiser Otto geschwärmt hatte, er wäre ihr von hinten lieber, als der Hitler von vorne. Wohl als Warnung vor künftigen, ähnlichen Bemerkungen hat man sie hier eine Zeitlang festgehalten, obwohl sie sich furchtbar um ihre alte mittellose Mutter sorgte, mit der sie nur einen Raum bewohnte. Diese fast völlige Besitzlosigkeit bedrückte sie aber nicht. Ganz im Gegenteil, sie sah in Besitz nur eine Belastung. Denn als Störnäherin käme sie in wohlhabende Familien und sähe da, was so ein großer Haushalt an Arbeit und Pflege brauchte! Die andere neue Zellengenossin war eine Wirtin, die mit den Lebensmittelkarten irgendwelche Unkorrektheiten begangen hatte.
Ich schwebte noch immer in völliger Unkenntnis der weiteren Erhebungen und Zeugenaussagen über mich. Die Ungewißheit fing an, mir stark zuzusetzen, und ich weinte sogar einmal. Aber wahre Höllenqualen verursachte mir das unaufhörliche Geplapper der beiden Frauen. Nur in der Nacht hatte man die Möglichkeit, über die Verantwortung bei künftigen Verhören nachzudenken; denn bei Tag war das durch ihr Geschwätz gänzlich unmöglich. Einigemale riet ich ihnen, sich auf ihre Einvernahme vorzubereiten. Umsonst! Wurde aber dann eine von ihnen aus der Zelle geholt, so boten sie ein Bild des kopflosen Jammers. Zitternd vor Angst, stießen sie unartikulierte Laute aus und erzählten dann, daß sie flennend vor dem Richter standen.
Die Oberaufseherin im Gefangenen-Trakt war sehr korrekt, die andere ein wahres Biest. Einmal schrie sie uns an, nachmittags werde Inspektion kommen, und ich als Zellensprecherin habe da auf die Frage zu sagen: »Drei Häftlinge, ohne Bitte, ohne Klage.« Nachmittags kam sie dann mit einem Mann in SS-Uniform. Er frug, ob wir Beschwerden hätten, und ich antwortete: »Drei Häftlinge, ohne Bitten *und* ohne Klage.« Sie warf mir einen haßerfüll-

ten Blick zu und erschien dann später als feuerspeiender Drache; denn ich hatte gewagt, den Text zu ändern! Hatte ich doch ein »und« eingefügt! Hier im Landesgericht wurde man sogar in einen Duschraum geführt; dabei ließ sie aber die Türe auf den Gang sperrangelweit offen, so daß alle (im Männertrakt) draußen vorbeigehenden Häftlinge hereinsehen konnten. Ich schien sie überhaupt besonders zu reizen, obwohl ich immer schwieg. Ahnte sie, daß ich, als ich ihr ausgeliefert wurde und sie all meine Kleider und Wäsche durchsuchte, ihr mit einer mir selbst unbekannten taschenspielerischen Gewandtheit den Bleistift in den Büstenhalter rettete, den ich als erstes wieder anziehen durfte? Durch meine halbe Umdrehung merkte sie, daß irgendetwas geschehen sein konnte, und brüllte ausgiebig, entdeckte aber nicht, daß ich den Bleistiftstummel hier rasch versteckt hatte. Im Landesgericht gab es am Morgen sogar eine halbe Stunde Rundgang im Hof. Dazu wurden wir aus allen Zellen gesammelt und holten auch die anderen im oberen Stockwerk ab. Dabei schritt man an den Fenstern der Schanzlgasse vorüber. Um diese Zeit war es noch nicht ganz hell geworden, aber doch genug, um einen Blick auf das verschneite Roßfeld und die hochgelegenen Wälder zu werfen. In diesen kurzen Augenblicken war ich dort oben, roch die Bergluft, ging auf moosigem Boden ohne Pfad. Zweige streiften mich, und ich war frei! Aber am Abend hörte man vom Hof herauf das Keuchen jener Strafgefangenen (wohl Militärs), die durch gebrüllte Kommandos noch und noch im Hof im Kreis herumgejagt wurden, bis sie umfielen. Niemand durfte sich an den Zellenfenstern zeigen, und man hielt sich die Ohren zu.
Nach Tagen wurde ich einem ordentlichen Richter mit Schreibkraft vorgeführt. Er verhörte mich ruhig, eigentlich stellte er nur Fragen und beschuldigte nicht, und ich war ja vorbereitet. Die Bauern, mit denen ich jene mir angelasteten Reden geführt haben sollte, waren schon einvernommen worden. Sie alle hatten in meinem Sinne ausgesagt. Bei dieser Gelegenheit sah ich meine Annahme bestätigt, daß alles vom Ortsbauernführer ausgegangen war. Ich merkte, daß der Richter schon von den Zeugen herausbekommen hatte, wo den Anzeiger der Schuh drückte. Er erkundigte sich noch, was ich denn da oben mache, und ich schilderte ihm kurz,

welch große Almflächen ich durch Entsteinung melioriert hatte – und von meinen Digitalis-Anbauversuchen. Der Richter schüttelte den Kopf, legte den Bleistift beiseite und sah stumm zu seiner Schreibkraft hinüber. Zwei Tage darauf wurde ich wieder aus der Zelle geholt, in ein Büro gebracht, wo man mir die Handtasche gab und sagte, ich könne gehen. –
Da stand ich nun unter der Tür am Seiteneingang des Gebäudes und war im Kopf so benommen wie nie zuvor. In meinem Gehirn wogte es, und die frische Luft warf mich fast um. Wer nie Haft erlebt hat, weiß nicht, was das heißt, wenn man plötzlich wieder frei im Freien steht. Nur drei Wochen hatte es gedauert, allerdings in völliger Ungewißheit, wie und wann die Haft enden würde; – ein Nichts gegen das, was andere damals auszuhalten hatten!
Ernstliche Vorsätze bezüglich weiterer politischer Bemerkungen begleiteten meine wankende Heimkehr durch die Nonntaler Hauptstraße, wo mich alle kannten und von meiner Verhaftung wußten, die, wie ich dann erfuhr, ziemlich viel Staub aufgewirbelt hatte. Wie ein Gespenst sahen mich alle an, eilten aber, von Vorsicht geleitet, vorbei. Aber dann begegnete ich Oberst i. R. Pohl, der stets die militärische Lage strategisch genau beobachtete und dessen Gesinnung jeder kannte. Ich mußte ihm alles erzählen. Alle guten Vorsätze waren schon vergessen, und so berichtete ich ihm auch jenen in der »Schanzlalm« gehörten Witz:
Drei politische Häftlinge werden zum Erschießen an die Mauer gestellt. Dann werden sie aber im letzten Augenblick begnadigt. Kaum sind sie allein, sagt einer zum anderen: »Pulver haben's auch keines mehr!«
Am nächsten Morgen erwartete mich eine arge Entdeckung, denn während meiner Abwesenheit hatte die Hausgehilfin alle Lebensmittelvorräte – mit Ausnahme des Olivenöls – verbraucht! Teilweise, weil sie sich dadurch das Anstellen ersparte, hauptsächlich aber ihrem extrem starken Hang zur Lebensfeindlichkeit folgend, der sich überall nur Not und Kummer wünschte. Als ich sie fragte, warum sie diesen so notwendigen eisernen Vorrat verbraucht habe, lächelte sie und antwortete nichts. Dieser zwar bescheidene Vorrat an Mehl, Linsen und Zucker war im dritten Kriegsjahr nicht mehr zu ergänzen.

Bei vielen mag es Anstoß erregen, wenn man so persönliche Erinnerungen ausbreitet – schon gar über eine Zeit, über die zu berichten noch immer »tabu« ist.
Da ich keine Anzeige erstattete, machten es die damals als Zeugen einvernommenen Bauern. Als ich dann diesbezüglich vorgeladen wurde, sagte ich aus, die Schuld liege beim Ortsgruppenleiter, der mit dem belastenden Bericht zur Gendarmarie gelaufen war, denn dieser war knapp vor Kriegsende gestorben. Die Leute sagten nach seinem Tod, man müsse ihn wieder ausgraben, denn er habe immer verkündet, er habe den Sieg schon in der Tasche, und der sei dann irrtümlich mit ihm begraben worden. Des Verstorbenen Aufgabe aber war es, auch dem Ortsbauernführer mitzuteilen, daß sein einziger Sohn gefallen sei, worauf dieser ohnmächtig umfiel. Er hatte wegen seines Sohnes unter anderen Verbesserungsarbeiten auch große Flächen seines Besitzes entsteint, damit es sein Nachkomme einmal besser haben sollte! Hatte der eine die politische Anzeige gebracht, so mußte der andere diese furchtbare Todesnachricht mitteilen.
Was aber jenen jungen, kräftigen Bauernsohn des ganzen Gebietes anbelangt, der seinerzeit durch Mithorchen einen Zeugen abgab, so war es furchtbar, wie ihn der Krieg zugerichtet hatte. Ihn, der es sich in seiner jugendlichen Kraft leisten konnte, am späten Nachmittag nach schwerer Bauernarbeit vom oberen Spumberg herabzulaufen, per Rad das Salzachtal bis zum Hagengebirge zu durcheilen, um auf dessen Hochfläche seine Sennerin zu besuchen, dort aber schon beim ersten Morgengrauen wieder anzutreten, um in aller Früh zu Hause die Feldarbeit zu beginnen. Gerade dieser beste Stämmling bäuerlicher Kraft kroch jetzt wie ein Käfer auf dem Stubenboden im elterlichen Anwesen. Denn nur durch das Abstoßen mit den Ellbogen am Boden konnte er sich weiterschieben. Beim Wachestehen in Rußland hatte er beide Beine durch Erfrieren verloren. Es konnte ihm auch durch Prothesen nicht geholfen werden, da er diese wegen schwärender Wunden nicht vertrug.
Sollte ich da auch noch etwas dazutun, wo doch das Schicksal schon so furchtbar eingegriffen hatte?
Das ist die lange Geschichte um einen Bleistift. –

Nachtrag zur Bleistiftgeschichte

1945, als man wieder reden durfte und viel Rache geübt wurde, wollten die Nachbarn auf dem Berg, daß ich meinen Anzeiger nun meinerseits anzeige. Ich weigerte mich, weil ich nicht dasselbe tun wollte, was ich an dem anderen so verdammte. Meine Einziehung hatte nämlich Folgen. Sofort nach meiner Enthaftung hatte man meinen Mann aufgefordert, durch Beitritt zur nationalsozialistischen Partei meine bekannt feindselige Einstellung gegen das Regime gutzumachen. Er aber weigerte sich, Parteimitglied zu werden, weil er im Theresianum in Wien, dieser hohen Schule österreichischen Geistes für künftige Beamte, dazu erzogen worden war, der Beamte habe keiner Parteirichtung anzugehören, auf daß die Bevölkerung Vertrauen zu seiner unparteiischen Amtsführung haben könne. Schon am nächsten Tag drückte man ihm eine Fahrkarte nach Köslin in Pommern in die Hand mit der Weisung, schon morgen dorthin abzureisen. Er durfte nicht einmal seine juristischen Bücher im Büro abholen, was dann ich besorgte, um sie ihm nachzusenden. Dort, ohne Bekannte und nur von der Lebensmittelkarte lebend, war er dem Verhungern nahe. Als ich ihn einmal in Köslin besuchte, hatte ich Gelegenheit, die Verpflegung im Hotel kennenzulernen. Zum Abendessen wurden da zum Beispiel eine leere Suppe und dann ein enthäuteter *roher* Hering serviert, über den man eine zuckerlrosa, synthetische Puddingpulver-Sauce geschüttet hatte. Mein Mann wurde später nach Koblenz versetzt, nach der Landung der Alliierten in der Normandie als Nicht-Parteigenosse zum Bau des Westwalles geschickt. In einem unfertigen Bunker stürzte er dann durch eine mit Stroh verdeckte Öffnung auf den viel tiefer liegenden Betonboden und blieb mit zweifach gebrochenem Rückgrat liegen. Da gerade damals ein Befehl kam, nicht auf die vielen sich krankmeldenden Zwangsarbeiter zu hören, holte man erst zwei Tage später einen Arzt. Dieser ließ ihn wohl sofort als arbeitsuntauglich in eine nahe Stadt bringen, dies auf einem holprigen Bauernwagen. Aber hier und in den rheinischen Städten waren alle Spitäler überbelegt und die Orte zerbombt. Vierzehn Tage dauerte es, bis er nach Salzburg in Spitalsbehandlung kam. Die Nächte mußten jeweils auf offener Bahre in den zerbombten Bahnhöfen zugebracht werden. Inzwischen waren aber irreparable Schäden eingetreten. Alle späteren Folgen erspare ich dem Leser.

Die Bombadierung des Obersalzbergs

Ein noch kalter, aber strahlend schöner Tag des 25. April 1945 zeigte sich vor den Fenstern der in der Brunnhausgasse 13 gelegenen Wohnung. Alle Untermieter in den durch die Zwangsbewirtschaftung abgetretenen Zimmern hatten schon ihr Tagwerk begonnen. Der 18jährige Sohn war eingerückt, die Tochter im Spitaleinsatz in Innsbruck und der sich mühsam auf Stöcken fortschleppende Mann, der mit gebrochenem Rückgrat vom zwangsweisen Westwallbau zurückgebracht wurde, befand sich gerade bei seiner Mutter im »Langenhof«, wegen der dort viel geringeren Entfernung zu einem Stolleneingang. Da kam die erste Vorwarnung der Luftschutzsirenen, die herannahende Bomber ankündigten. Luftalarm bei glasklarer Sicht war ungewöhnlich. Meist näherten sie sich ober der Wolkendecke, um den Flugabwehrgeschützen das Zielen zu erschweren. Ich blieb in der Wohnung, da zwei Koffer mit notwendigster Kleidung, Schuhen und den letzten Konserven immer im Keller standen. Nach einer schon ein halbes Jahr früher stattgefundenen Auseinandersetzung mit der Stollenwartin flüchtete ich mich nicht mehr in den in den Felsen getriebenen Unterstand. Dieser befand sich hinter der damals sogenannten Warsberg-Villa. Da diese vom Gauleiter bewohnt wurde, hatte man dort in den Felsen unterhalb der Richterhöhe einen Schutzstollen angelegt, der von den wenigen Bewohnern der Brunnhausgasse mitbenützt werden durfte. Der eigentliche Stollen begann rechtwinkelig vom Vorraum abbiegend, um so die stärksten Luftdruckwellen bei einem nahen Bombeneinschlag abzufangen und zu brechen. Aber drei Ukrainerinnen mit ihren kleinen Kindern war es verboten, diesen sicheren Gang aufzusuchen; sie mußten als Nicht-Deutsche in der Halbhöhe des Vorraums bleiben. Ich kannte sie als fleißige Arbeiterinnen in der Gärtnerei vor unserer Wohnung. Ich gesellte mich zu ihnen. Die Stollenwartin beanstandete dies und befahl mir, in den Gang zu den anderen zu gehen. Ich weigerte mich, wenn nicht auch jene drei Frauen mit ihren Kindern mitkommen dürften. Dies wurde strikt verneint, worauf ich meine Koffer dort stehen ließ, und mich vor den überhängenen Felsen hinsetzte und über die soeben gehörten Beschimpfungen nachdachte. Die dann beim Versorgungshaus niedergehenden Bomben töteten dort einige (?) Soldaten und verursachten mir wochenlang schmerzende Atemnot, da mir der schwere Luftanprall an der Felswand Schaden in der Lunge gebracht hatte. Natürlich waren auch alle Fenster zerborsten und Beschädigungen in der Wohnung entstanden. Übrigens beobachtete ich damals von da oben, daß eine große Anzahl von Bomben in die Wiesen zwischen der Leopoldskroner Allee und dem Peterer-Weiher fast geräuschlos einschlugen, da ihnen der sumpfige Boden keinen Widerstand entgegensetzte. Höchste Vorsicht vor Blindgängern wird geboten sein, falls dieses Gebiet einmal verbaut werden sollte.

Seit damals blieb ich bei Luftalarm zu Hause; denn der nächste Stollen wäre erst bei der Apotheke in Nonntal gewesen und daher viel zu weit entfernt. Schneller als sonst kam der Hauptalarm. Gleich danach hörte und sah man schon die Flugzeuge sich nähern. Ich stand auf dem großen Balkon, der freie Sicht von Osten über Süden nach Westen bot. Rasend schnell und mit großem Gedröhn näherte sich das Geschwader, von Reichenhall kommend. Mir wurde bang, und ich raste über die Stiege zum Hauseingang. Da hörte man aber den Fluglärm schwächer werden; sie mußten umgekehrt sein. Ich lief wieder auf den Balkon und sah sie tatsächlich in Richtung Untersberg fliegen. Dort oben auf dem weitgestreckten Plateau warfen sie die ersten Bomben ab. Diese noch ganz verschneite Hochfläche glitzerte in der Frühjahrssonne; offenbar überzog sie Glasharsch. Man sah die Bomben niederfallen; dem folgten Stichflammen und Feuergarben aus der Schneefläche. Ein sehr ungewöhnlicher Anblick! Der Untersberg schien sich in einen Vulkan mit vielen kleinen Kratern verwandelt zu haben. Das Krachen und Prasseln drang erst viel später ans Ohr. Ich vermutete sofort, daß ihr Ziel der Obersalzberg sei. Die nächsten Minuten bestätigten dies. Das Gebiet war mir von vielen Touren auf den Hohen Göll gut bekannt. Damals war der in der Mulde der Nordflanke gelegene Obersalzberg noch kein politischer Brennpunkt, den Staatsoberhäupter mit bangem Herzen aufsuchten. – Nun folgte ein Inferno an Gekrache, Feuersäulen, Geknatter der Flak, Explosionen, heulenden Geräuschen und donnerndem Echo. Unglaublicherweise liefen die Wellen der Bodenerschütterungen bis Salzburg, obwohl der Lauf der Königsee-Ache eine gewisse Zäsur zwischen den Vorbergen des Göll und dem Mönchsberg abgibt. Kein Getier, wie Gemsen, wird diesen Luftdruck in den Felswänden überlebt haben. Man hörte aber noch die dortige Flak beim Abbiegen des Geschwaders, allerdings schon bedeutend schwächer. Die Bomber flogen zirka bis Reichenhall, drehten von dort wieder gegen Salzburg, flogen nur bis gegen Leopoldskron − mir stockte der Atem −, aber diesmal blieb ich auf dem Balkon. Wieder flogen sie zum Untersbergplateau zurück, streuten aber weniger Probeabwürfe und flogen erneut den Obersalzberg an. Wieder begann das höllische Spektakel. Nie vorher hörte man eine solche Wucht der Bombeneinschläge. Durch das Auslands-Radio erfuhr man später, daß hier das erstemal 5000 kg schwere Bomben verwendet worden waren. Diesen Einflug hatten nicht die Amerikaner gemacht, sondern die englische Luftflotte. Einer dieser Schwerstsprengkörper fiel auch in Au bei Kaltenhausen nieder und riß einen riesigen Krater auf, wobei unter anderen auch Architekt Strohmayr aus Hallein umkam. Vor Erregung mußte ich mich setzen. Und so hatte ich trotz der Schaurigkeit des Anblicks plötzlich den Eindruck, in einer Zirkus-Loge zu sitzen und bebend ein infernalisches Schauspiel und ein kriegsgeschichtlich wirklich bedeutendes Ereignis beobachten zu können. Am Ende dieses zweiten Angriffs war die Flugabwehr kaum noch zu hören. Zu sehen war vom dortigen Gebiet nichts mehr, denn schwarzer Rauch verhüllte alles. Aber das Geschwader war noch nicht zurückgeflogen. Die Flugabwehr bei Reichenhall fing wieder zu knattern an, die Flugzeuge näherten sich ein drittesmal Salzburg. − Kamen sie jetzt doch auch noch nach Salzburg? (Erst am Nachmittag dieses Tages kam ein anderes Geschwader über Salzburg.) Ich floh nicht, − ich kann mich nicht erinnern, bei der übergroßen Spannung auch noch Angstgefühle gehabt zu haben. Wenn sie nur nicht die Stadt Salzburg vernichten! Alles, was einem so zutiefst Heimat bedeutete. Aber wieder kehrten sie zirka ober Marienbad um und drehten dann zum Obersalzberg. Wieder zitterte das Haus

und wackelte der Balkon, aber man hörte keine Flak mehr von dort.
Der Obersalzberg war nun ausradiert worden.
Die englische Stadt Coventry fiel mir ein und die von allen Lautsprechern übertragene Rede des »Führers«: »Wir werden ihre Städte ausradi-ieren!«
Dieser Obersalzberg war als Kernpunkt der »Alpenfestung« geplant und ausgebaut worden – dies schon vor Kriegsbeginn; denn bei Gesprächen in Adnet mit italienischen Steinbrucharbeitern erfuhr die Schreiberin schon im Frühjahr 1939 von den Stollenarbeiten, die sie dort zu verrichten hatten. Da sie der deutschen Sprache nicht mächtig waren, konnten sie an nicht Italienischsprechende nicht viel ausplaudern. Solch vorsorgende Schutzunterkünfte sprachen aber schon damals eine deutliche Sprache.
Wäre in diesen letzten Wochen des Krieges (April 1945) der Obersalzberg nicht unbrauchbar gemacht worden, so wäre die Stadt Salzburg kaum der Zerstörung entgangen. Denn von hier aus über Schellenberg hätten die Alliierten die ungeschützte Nordflanke der »Alpenfestung« beschießen können, aber von dort aus wären die Salven der Verteidigung gekommen, die, das ist sicher, Salzburg nicht verschont hätten.
Der Raum um die »Alpenfestung« umfaßte den gebirgigen Raum zwischen Salzach und Saalach. Trotz Zerstörung des Herzstückes strebten ab der Belagerung von Berlin die Spitzen der nationalsozialistischen Führung dieser geplanten Endverteidigung zu. J. Lahnsteiner führt im Band »Unterpinzgau« an, daß Heinrich Himmler mit seinem Stab in den letzten Kriegswochen nach Eschenau floh und dort sein Hauptquartier bezog. Bei Fliegeralarm fuhr er mit Sonderzug in den dortigen Tunnel hinein, floh aber dann auch von hier. Göring hielt sich in Schloß Fischhorn auf; floh aber am 8. Mai und wurde in seinem Auto von einem amerikanischen Offizier auf dem Weg nach Zell am See verhaftet und nach Kitzbühel gebracht. Feldmarschall Kesselring, Oberkommandierender der Südarmee (Italien), wurde mit seinem Stab in Alm bei Saalfelden gefangengenommen. Er leitete von hier aus auch am 8. Mai die Kapitulation ein. Auf der Kallbrunnalm beim Hirschbühel fanden die amerikanischen Truppen Skorzeny, den

Befreier Mussolinis. Der »Hirschbühel«, ein schmaler, hochgelegener Paß, der in das Berchtesgadener Land führt, wird von der SS besetzt. Sie bringen große Mengen von Munition mit. Französische Truppen dringen dann von hier aus nach Berchtesgaden ein und über das »Zill« nach Hallein vor, wo dann noch lange danach im Bachgerinne neben der Dürrnberger Straße ein vom Wege abgerutschter französischer Panzerwagen lag. Lofer wird Hauptquartier der SS und der Südfront-Armee. Alle Almen und Schutzhütten auf den Bergen sind voll von Militär. Diese Konzentration beweist den Plan, einen Verteidigungsgürtel um den Obersalzberg anzulegen, als dieser noch intakt war.

Da sich während dieses beschriebenen Luftangriffs fast alle Salzburger in den Stollen befanden, dabei dieses Geschehen wegen der vorgelagerten Festung und des Mönchsbergs von der Stadt aus überhaupt nicht sichtbar war und die Zeitungen über Bombardierungen nicht berichten durften, weiters die sich bald darauf überstürzenden Ereignisse des Zusammenbruches alle früheren Eindrücke verblassen ließen – wenn nicht auslöschten –, ist es wahrscheinlich, daß es nur wenige Zeugen dieses Luftangriffes geben wird, die darüber berichten können.

Der unvergeßliche Anblick

Um ein Erleben beschreiben zu können, muß man versuchen, es durch die Begleitumstände begreiflich zu machen. Dazu muß die Erinnerung beitragen. Aber für die ersten Maitage des Jahres 1945, also dem Ende des Zweiten Weltkrieges, setzt sie stückweise aus. Eine Sorge und Gefahr jagte die vorhergehende; weder Datum noch Reihenfolge lassen sich greifen und darstellen.
Vermutlich am 2. Mai war es, daß die Versorgung mit Lebensmitteln, wenn auch in kleinsten Rationen, zusammenbrach. Völlig ungewiß war, wie sich der Zusammenbruch abspielen würde, auch wann und ob es wieder Zuteilung geben würde. Zu Hause waren ein schwerkranker Mann und eine Tochter, die am Abend nach Arbeitseinsatz etwas vorgesetzt bekommen mußte. Ihre Flucht kurz vorher per Autostop von Innsbruck durch rauchende und brennende Orte wie Reichenhall war dramatisch gewesen. Noch war es vielleicht möglich, sich einen Tag lang von zu Hause zu entfernen, um die 1130 m hochgelegene Almwirtschaft auf dem Spumberg zu erreichen und dort vielleicht etwas Butter und Eier zu bekommen. Man wußte aber von geplanten Brückensprengungen, die das vielleicht schon am nächsten Tag unmöglich machen würden. Die »Rote Elektrische« nach St. Leonhard verkehrte ja noch. Von dort ging es zu Fuß über den Kaltenhausner Steg über den »Riedl« nach Waidach auf den Spumberg. Auf dem Riedl hätte ich in einem mir bekannten Bauernhaus eine duftende Suppe mit Schwarzbrotschnitten bekommen; aber da ging die Tür auf, und ein von Hunger bis zum letzten abgezehrter Italiener wankte herein. Das Zwangslager am Adneter Gries hatte soeben seine Tore geöffnet. Er wollte natürlich nach Hause, kannte sich aber nicht aus und war halb irre vor Hunger. Und so ließ ich ihm, diesem ganz unschuldigen Opfer eines vom Zaune gebrochenen Krieges, das einzige, was ich für ihn tun konnte, nämlich die herrliche Suppe. Die Bäuerin sagte noch: »Aber jetzt haben Sie nix!« Irgendwo bekam ich beim Aufstieg sicher eine Schale Milch; aber daß der

Italiener in diesem Zustand noch sein Land erreicht hätte, ist unwahrscheinlich. Er hatte mir übrigens noch erzählt, daß in der vergangenen Woche zwei Italiener im Lager erschossen wurden, weil sie ein Maultier heimlich geschlachtet hatten und dabei entdeckt wurden, wie sie das *rohe* Fleisch verzehrten.

Oben in Zillreith angekommen, bekam ich dann doch noch eine Suppe und konnte Milch, etwas Butter und Eier für zu Hause einpacken. Bei Morgengrauen machte ich mich auf den Heimweg. Deutlich hörte man von Nordwesten kommend den Kanonendonner. Ich begegnete dem Sohn des Hinter-Gemesreitbauern, der sagte, sein Vater traue sich nicht mehr aus dem Haus heraus. Er hatte im Ersten Weltkrieg einen Schock erlitten. Als er daher in den letzten Augusttagen 1939 als über Vierzigjähriger einrücken mußte, war der Bauer aus Sorge darüber, wie seine Frau allein mit den zwei Buben die Bergbauernwirtschaft führen sollte, plötzlich tobsüchtig geworden. Nach einer noch jetzt nicht durchschaubaren Verfügung des Heeres-Oberkommandos hatte man damals beim Einmarsch in Polen diese gänzlich unabgerichteten, alten Jahrgänge eingezogen, obwohl genügend junge Truppen zur Verfügung standen. Dieser Bergbauer konnte dann in der Nervenheilanstalt auch durch drei Wärter nicht gebändigt werden, so daß er zwei eiserne Bettstellen verbog! Da seine Frau wegen der übermäßig vielen Arbeit nicht abkömmlich war, übernahm ich es, ihn manchmal aufzusuchen und ihm von zu Hause zu berichten. Nun aber wieder zu Hause, hörte er den Krieg auf sein »Heimatl« zukommen und verkroch sich im Hause. Es war eine jener unzähligen kleinen Tragödien, die sich neben dem strahlenden »Siegfried«-Gehaben in Kriegszeiten abspielen.

Da hieß es, alle Brücken seien zu sprengen, um den Einmarsch der Amerikaner zu stoppen − (wenn sie schon bis hieher gekommen waren, wie sollte sie da noch dieses Hindernis aufhalten?). Es war nun meine Sorge, welcher Weg zu nehmen sei! Bis ich im Tal war, waren vielleicht schon alle Landstraßen von rückflutenden oder einmarschierenden Truppen blockiert. Sollte ich die lange und anstrengende Route ober den Wimberg, Wiestal, Glasenbach nehmen? Oder versuchen, wieder St. Leonhard zu erreichen, um über der Salzach zu sein? Wenn aber die Brücke über die reißende, eis-

kalte Königssee-Ache schon gesprengt war? Ich *glaube,* sie wurde tatsächlich einen Tag später gesprengt. So, wie man damals in Unkenntnis darüber war, was alles geschah, – so ist man es auch jetzt noch! Viel lieber wird in der Zeit des Mittelalters geforscht als in jener nahen und so dunklen, über die noch Menschen aussagen könnten.
Die Tramway von St. Leonhard verkehrte noch. In ihr saßen verschreckte Einheimische. Die Auflösung zeigte sich schon, weil der Lokführer auch ohne Haltestelle anhielt, wenn strahlende, freigelassene ausländische Zwangsarbeiter ein Haltezeichen gaben und sich freudigst mit dem Zeichen begrüßten, das drei Monate früher mich beinahe den Kragen gekostet hätte, – aber das ist eine Geschichte für sich.
Ich glaube, es war in der Nacht vom 3. auf den 4. Mai, daß Salzburg-Süd in Gneis durch Einschüchterungs-Beschuß in Schrecken versetzt wurde. Die abgebrochene Spitze des schwarzen Obelisken vor dem Zugang zum Kommunal-Friedhof ist ein Andenken daran. Angezogen legte man sich aufs Bett, die einzigen Schuhe und den Koffer griffbereit daneben. Da keine Zeitung mehr erschien, überstürzten sich die Gerüchte. Man hörte von Übergabsverhandlungen mit den Amerikanern, um die Stadt vor Beschuß zu retten, was Oberst Lepperdinger – in gefährlichem Gegensatz zu den Anhängern der Verteidigung bis zum »Nibelungen«-Ende – auch gelang. Tiefste Unsicherheit darüber, was die nächsten Stunden und Tage bringen würden, herrschte überall. Unter den Parteigenossen herrschte je nach Temperament tiefste Niedergeschlagenheit oder höchst gefährlicher Vernichtungswille gegen jede Regung der Andersdenkenden.
Man spürte es überall, nun waren die Stunden der Entscheidung gekommen. In diesen Tagen wird sich anderswo dramatischeres Geschehen abgespielt haben, aber kaum wo anders eine so merkwürdige Verschmelzung von Neuzeitlichem und Vorstellungen aus altem Sagengut. Bei jenen, die bangen Herzens im Stollen saßen, konnten sich aber mangels des Anblickes, der sich jetzt bot, solch zwingende Gedankenassoziationen nicht einstellen.
Vormittag kam Bombenalarm. Ich ging vom Stolleneingang, wo ich Koffer abstellte, Richtung Westen durch den Park der Wars-

berg-Villa. Kein Vogelruf war zu hören, auch sie versteckten sich, verängstigt durch das Geknatter der Maschinengewehre, in einer Baumhöhle. Zwischendurch hörte man dumpfe Detonationen und Fliegergedröhn. Hier ging früher vor dem Bau der feudalen Warsberg-Villa mit ihren Parkanlagen ein öffentlicher Höhenpfad von Bucklreuth bis zum Schartentor. Er war wenig begangen und mir als Kind der liebste Spaziergang gewesen, wegen seines Ausblickes auf die Peterer-Weiher, das weite, damals noch ganz unverbaute Moor, auf den Untersberg und Hohen Göll. Der Pfad war dann Privatbesitz geworden und nicht mehr zugänglich. Ich überstieg nun eine Grenzziehung und kam auf die freie Wiese unterhalb der »Richterhöhe«. Bei dem Anblick, der sich nun von hier aus bot, verschlug es mir den Atem. Irgendwo bei Siezenheim-Kleßheim oder schon über der Saalach mußte wohl ein großes Treibstofflager getroffen oder angezündet worden sein; denn eine schwarze Wolke lag dort, die sich bis über die Walser Felder zog. In ihr blitzte und krachte es. Unter diesem schwarzen Gewölk schien eine Schlacht stattzufinden! Obwohl alle Umstände romantischen Gedanken sehr abhold waren, schien ich mir nun Zeugin der »Schlacht am Walserfeld« zu sein. War diese jedem Salzburger Kind bekannte Mythe und Prophezeiung nun zur Wirklichkeit geworden? Und hatten die Einmarschierenden dort letzten verzweifelten Widerstand gefunden? Schon seit Tagen war man in völliger Unkenntnis der militärischen Positionen. Aber *keine Schlacht* hat dort stattgefunden – außer ein paar Scharmützel! Jedoch von oben schien es, als ob nun wirklich gerade hier die legendäre Entscheidungsschlacht ausgetragen würde, in die der langbebartete, im Untersberg schlafende Kaiser Karl d. Große eingreifen würde, wenn die Not seines Volkes am höchsten wäre.
Unten in der Brunnhausgasse rasselten die von der SS besetzten Bauernwagen mit den zu rasender Eile angetriebenen Pferden. Sie kamen von Westen und strebten dem Osten zu. Ein schnell beschlagnahmtes Gefährt ersetzte da nicht mehr betriebsfähige Autos. Das Gekrache und Geknatter ließ nach, und man hörte die Entwarnung. Erschüttert von dem eben Gesehenen, kehrte ich zum Stollen zurück, aus dem die bleichen, mageren Menschen herauskamen – darunter auch ein in der Nachbarschaft wohnender

Professor, der vom Anfang der Bewegung an heftigster Parteigänger des Nationalsozialismus war. Natürlich war ihm meine und meines Mannes Gesinnung bestens bekannt. Darum war ich dazu ausersehen, die *jetzige Parole* dieser an das Tausendjährige Reich Gläubigen zu hören. Bleich stellte er sich vor mich hin und sagte so laut, daß es alle Umstehenden hören sollten: »Jetzt beginnt *unser* Krieg!« Womit er die heimliche Weiterführung des Kampfes durch die geheime Formation des »Wehrwolfes« ankündigte. Seit Überschreitung der Grenzen Deutschlands durch fremde Heere – besonders jener aus dem Osten – wurde viel für diesen Bund Propaganda gemacht. Vom Knaben bis zum Greis sollte nun durch diese Geheimtruppe jede Art von Sabotage ausgeführt werden. Daß man aber, als man selbst in durch Jahrhunderte eigenständige Staaten einfiel, die dortige sich wehrende, ergrimmte Zivilbevölkerung als Partisanen und Freischärler bezeichnete und nach verletztem »Kriegsrecht« vernichtend bekämpfte, kam jenen Blinden und Tauben offenbar nie in den Sinn! Ich antwortete ihm nicht, aber unsere Augenpaare kreuzten sich eine Weile.

War es an diesem Nachmittag oder erst am nächsten? Aus einer alten, zerschlissenen, rotweißen Salzburger Fahne schnitt ich ein Stück heraus, setzte sie zu den rot-weiß-roten Farben der österreichischen Fahne zusammen und nagelte sie auf einen Besenstiel. Mein Herz klopfte wie verrückt, als ich mit ihr den Balkon betrat und sie der Länge nach an der Brüstung befestigte. Nie im Leben hatte mich eine solche Erregung durch den Hochschwang der Gefühle erfaßt. Ich zitterte am ganzen Körper. *Endlich* zeigen können, wie man denkt und fühlt! Seit 1938 hatte man diese gleichgeschalteten Zeitungsberichte lesen müssen; weiters die Bücherverbrennung der Andersdenkenden. Ständig war die Gefahr von Gesinnungsverbildung der noch nicht selbständig denkenden Kinder, in der Schule, beim Sport und jeder Freizeitgestaltung zu ertragen. Dieses fortwährende Sich-zurückhalten-Müssen – um die Kinder nicht in Konflikte zu stürzen oder zu dauernder Heuchelei in der Schule und Öffentlichkeit zu treiben! Wie gut, daß der Mensch sich Symbole schafft, um damit seine Überzeugung zum Ausdruck bringen zu können. Nur das ist es, was ihn über das Tier erhebt und ihm unvergleichliche Augenblicke schenkt.

Dann bemerkte ich Bewegung an den Fenstern der gegenüberliegenden Offiziershäuser. Die Männer dort waren alle eingerückt, aber ihre Familien, die aus dem Reich stammten, wohnten da. Sie sahen hier die erste österreichische Fahne ausgehängt! Drohende Gesten und auch Schüsse kamen aus den noch immer hier vorbeirasselnden, mit SS-Truppen besetzten Wagen. An der Wohnungstüre läutete es Sturm. Es waren die anderen Hausinwohner, die mich beschworen, die Fahne wieder einzuziehen, da sie alle dadurch in größte Gefahr kommen würden. Nicht aus Angst, aber um Unheil für die anderen zu verhüten, zog ich sie wieder ein; um sie dann einen Tag später wieder am Balkon anzubringen.

Vielleicht ist es von Interesse, noch eine kleine Episode aus diesen Tagen zu erwähnen.

Wie schon wiederholt erwähnt, herrschte größter Mangel an den notwendigsten Ernährungsrationen. Natürlich auch an Wäsche, Schuhwerk und Bekleidung, aber ebenso an Wohnraum. Nicht nur, daß durch den Bombenabwurf ganze Häuserzeilen in Schutt zerfielen. Salzburg verlor dadurch 423 Häuser durch Totalzerstörung, 608 wurden schwer und 2149 leicht beschädigt. Ein Flüchtlingsstrom von nicht zu bewältigenden Ausmaßen war allein aus Wien hieher geflüchtet. Die Hotels waren von militärischen und Parteiämtern besetzt. Und jetzt kamen noch die Besatzungstruppen. Sie fanden in den Kasernen und verlassenen deutschen Dienststellen nicht genug Platz. Also wurden Wohnparteien delogiert, die nun ihrerseits wieder ein Dach über dem Kopf suchten. Jede Wohnung wurde wie eine Sardinendose vollgestopft. Von Räumung betroffen wurden besonders alle komfortablen, neuerbauten Offizierswohnhäuser und die Wohnungen der ehemaligen Parteigenossen.

Und so hörte ich einige Tage nach dem Einmarsch der Amerikaner (es war die Regenbogen-Division, die in ihrem Stolz bald alle auffallenden Punkte der Stadt mit ihren bunten Regimentsfarben bepinselte, so daß z.B. alle Auslughäuschen in der Befestigungsmauer des Kapuzinerberges diese färbigen Halbkreise zeigten) Geschrei in den gegenüberliegenden Offiziershäusern. Ich beobachtete Besatzungs-Soldaten, die Räumung verlangten, was natürlich für die dort wohnenden Frauen und Kinder eine Katastrophe war. Würden die Beschlagnahmer auch herüberkommen und die »Villa Bertha« räumen? Sie lag ja in schöner Lage an einem Weiher. Was machen, wenn sie kommen? Mein Gehirn arbeitete fieberhaft. So bestechlich die hungernden Einheimischen für angebotene Lebensmittel geworden waren, so wirkungslos war das selbstverständlich bei den wohlgenährten Siegern. Aber waren sie nicht bei dem schnellen Vormarsch immer nur mit Konserven versorgt worden? Schon sah ich sie drüben aus den Offiziers-Villen kommen, stehenbleiben und auf die Villa Bertha zeigen. Es mußte sofort etwas geschehen! Und in der Angst fiel mir da wirklich etwas ein. Ich raste in die Gärtnerei beim Haus. Mir war eingefallen, daß ich da im Glashaus Radieschen gesehen hatte. (Sonst wuchs dort in diesem kalten Mai nichts Eßbares.) In fliegender Hast bat ich den Gärtner um ein Büschel Radieschen und versprach, später den Grund zu erklären. Kaum war ich damit wieder im 1. Stock, läutete es schon an der Tür. In Irrsinnstempo übersprühte ich noch die Radieschen, damit sie frischer rot aussähen, und machte die Türe auf. Da wartete ich erst gar nicht, daß sie ihren verhängnisvollen Befehl aussprächen, sondern hielt ihnen die roten Radieschen wie einen Empfangsstrauß entgegen und sagte: »Welcome in Austria!« In meinem äußerst mangelhaften Englisch bedeutete ich ihnen, daß sie jetzt beim Vormarsch wohl immer Konserven gegessen haben würden und daher diese frische Nahrung besser für sie sei als Blumen! Sie sahen mich sprachlos an, grinsten, nahmen das Büscherl, salutierten und verließen das Haus, ohne noch bei anderen Parteien anzuläuten. Aber ich mußte mich eine Weile setzen, da ich vor Schreck schwache Knie bekommen hatte.

Die Heimkehr des Sohnes (1945)

Zahllos sind die Bücher, die versuchen, die Ursachen und die Entwicklung aufzuzeigen, die den Krieg 1939 – 1945 nach sich zogen. Jeder, der durch einen Beitrag von seiner Ameisenperspektive aus das Geschehen verständlicher zu machen sucht, erkennt, daß nur die Schilderung *kleiner Episoden* imstande ist, ein bezeichnendes Streiflicht auf dieses ungeheure Geschehen zu werfen. In diesen Vorbereitungsjahren des Zweiten Weltkrieges bahnte sich der Verlust der Vormachtstellung Europas an. Durch seine umwälzenden Folgen wurde er vollzogen.

Einer solchen Reihe von Episoden fügt sich der Bericht des von der Ostfront heimgekehrten Sohnes an. Sein Einrückungsbefehl kam so, daß er die letzten Gymnasiumsklasse nicht mehr mit der Reifeprüfung abschließen konnte. Dann, nach all den Kriegserlebnissen und auch schon innegehabten, wenn auch nur geringen Kommandorechten, war das Wieder-auf-der-Schulbank-Sitzen, um ein Maturazeugnis zu erhalten, für alle Beteiligten, wie Professoren und Eltern – nicht nur für ihn selbst – ganz wesentlich schwieriger geworden.

Mein Sohn wurde bei der Gebirgsartillerie in Garmisch-Partenkirchen ausgebildet. All den Siebzehnjährigen verlangte man viel ab. Viel ärger als die körperlichen Strapazen empfand er die bewußte seelische »Schleiferei«, für die meist erfundene Anschuldigungen als Vorwand dienten; die Möglichkeit zu einer Rechtfertigung wurde nicht gegeben, aber entwürdigende Strafübungen auferlegt, so z.B. der Befehl, alte Schmutzkrusten in den Klomuscheln mit den Fingernägeln ohne Zuhilfenahme von Messer oder Löffel abzukratzen – und dies sofort und unter brüllender Aufsicht. Der Mensch mußte zuerst »fertiggemacht« werden, um als Soldat tauglich zu sein. Nach zehn Monaten Ausbildung und Beförderung zum Fahnenjunker-Unteroffizier erfolgte seine Überstellung nach Villach, dem Heimatort des Regimentes Nr. 112. Wegen der vielen Luftangriffe gab es dann nur noch zum Frühstück Suppe und

Brot, dann nichts mehr bis zum nächsten Morgen. Er und auch andere seiner Kameraden gingen in die Auen, fingen sich Frösche und brieten sie auf offenem Feuer.
Der Frontbefehl wies ihn nach Mährisch-Weißenkirchen. Auf der Fahrt dorthin konnte er einen Tag in Salzburg unterbrechen und die Eltern aufsuchen. Die Radioberichte ließen ahnen, daß der Frontabschnitt Nordmähren-Teschen knapp vor der Einkesselung durch die Russen stand und das Kriegsende nahe war. Um aber von dort unter sicher chaotischen Verhältnissen vielleicht doch zurückkehren zu können, waren in erster Linie gute Spezialkarten nötig. Aus unserem Vorrat an k.k. Generalstabskarten suchten wir jene für diese Route notwendigen heraus, um eingestellte Zugsverbindungen durch Fußmärsche ersetzen zu können. Glücklicherweise erinnerte sich der Vater auch an eine Karte, auf der deutsch- und slawischsprachiges Gebiet farbig eingezeichnet waren.
Es folgte ein sehr gedrückter Abschied, und das Letzte an vorhandenen Lebensmitteln wurde ihm mitgegeben.
In Budweis erhielt er als Marschverpflegung für einen ganzen Tag: 165 g Brot, 50 g Wurst und 20 g Butter. Ein besseres Frühstück. In Prag angekommen, galt es, sechs Stunden auf den Zuganschluß nach Mährisch-Weißenkirchen zu warten. Nach einer kurzen Stadtbesichtigung wurde er von einer Feldgendarmerie-Streife angehalten. Aufgrund der Bahnhofsstempel im Marschbefehl stellten sie fest, daß er sich zu langsam in Richtung Front bewegte, und wollten ihn einem Sonderkommando (meist Todeskommando) zuteilen. Da man ihm aber nicht gleich die Papiere abgenommen hatte, entkam er ihnen in einem günstigen Augenblick und verbarg sich bis zur Abfahrt des Zuges in einem Flüchtlingswaggon.
Dann kamen einige Tage Stellungskrieg bei Teschen. Noch am 29. April sprach der Batteriechef von einem siegreichen Ende des Krieges und der Pflicht, anderslautenden Gerüchten energisch entgegenzutreten. Am 1. Mai wurde ihnen mitgeteilt, daß der Führer in Berlin gefallen sei. Niemand sprach weiter darüber, aber am Abend kam Befehl zum Stellungswechsel. Von manchen Häusern in Suchau wehte schon die rote Fahne, und aus den Augen der Bevölkerung schlug ihnen grundtiefer Haß entgegen. Als Artillerietruppe hatten sie immer die sich von dem Feind absetzende Infan-

terie zu decken und selbst erst zu allerletzt den Rückzug anzutreten. Diese zurückrollende Heeresgruppe stand unter dem Befehl von General Schörner, der, obwohl aussichtslos, bis zum Nibelungenende kämpfen wollte. Dieser Gesinnung zufolge wurde die schon am 5. Mai erfolgte Kapitulation durch Admiral Dönitz für diesen Heeresabschnitt erst 24 Stunden später bekanntgegeben. Diesem Umstand fielen noch viele Soldaten zum Opfer, da sie von den Russen als Freischärler behandelt wurden. Durch das Radio war aber bei der Truppe schon etwas durchgesickert, und man erkannte, daß an ein Aufhalten des russischen Vormarsches nicht mehr zu denken war.

Bei den schweren Rückzugsgefechten am 3. Mai bei Bludowitz hatten sich die Russen so rasch eingeschossen, daß sie nacheinander alle deutschen Beobachtungsposten, die deren Vormarsch melden mußten, zerstörten. Leutnant Viktor Lackner (aus Klagenfurt) bezog nun selbst den letzten schwer beschossenen Beobachtungsstand, »weil eben einer beobachten müsse« und er keinen ganz Jungen dort einsetzen wollte. Gleich nach seinem Eintreffen krachte es wieder, und die Front des Hauses stürzte ein. Der Leutnant lag blutüberströmt, mit zerrissener Halsschlagader auf dem Boden. Er sah seine herbeigeeilten Kameraden an und sagte: »Jetzt muß ich sterben, – oh diese Schmerzen!« und mit schon brechender Stimme: »Deutschland, Deutschland, wo gehst du hin?« Darauf verschied er.

In der Nacht zum 4. Mai versuchten drei Divisionen aus dieser Einkesselung auszubrechen. In pausenlosen Märschen gelang es der Truppe meines Sohnes, durch den Flaschenhals die Stadt Friedeck zu erreichen. Als die Batterie am 8. Mai, östlich von Olmütz stehend, um halb zwei Uhr früh durch das Radio vom Waffenstillstand hörte, machte sie noch die Bekanntschaft mit den dort im Einsatz stehenden Stalin-Orgeln und Panzern. Die Vorsehung zeigte meinem Sohn immer durch Unruhe an, wo der nächste Einschlag kommen würde, dem er instinktiv durch Ausweichen entging, dem aber viele seiner Kameraden zum Opfer fielen. Als er hörte, daß die Kommandostellen bis zum letzten Kanonier schon »abgehauen« wären, während er aber noch in unmittelbarer Feindesnähe hätte bergen sollen, schnitt er sich ein Haflingerpferd vom

Gespann ab und ritt ohne Sattel ihnen nach. Da sich auf der allgemeinen Rückzugsstraße alles staute, überholte er sie querfeldein. Außer den Karten, einem Kompaß und einer Pistole hatte er in der Kartentasche nur eine Flasche Sirup, ein Stück Dörrfleisch und trockenes Brot bei sich. Er ahnte, daß er damit viele Tage würde auskommen müssen.
Nun erwies sich der in Salzburg genommene Reitunterricht doch als nützlich, – was seine Mutter immer bezweifelt hatte:
Schon hatte ich viele geschlossen heimwärts marschierende Truppen überholt, da sah ich eine Feldküche, aus deren Kesseln Soldaten den dampfenden Inhalt in den Straßengraben schöpften. Goulasch mit Grütze. Ich aß für die kommenden Tage und versuchte den Kameraden beizubringen, daß sie ab morgen hungern würden. Sie aber wollten lieber Ballast verlieren. Mein Haflinger, ein Zugpferd, machte mir zu schaffen. Ich war zwar als Reiter gut und gründlich ausgebildet, – aber ohne Sattel stundenlang im kurzen, stoßenden Trab! Es ging nicht mehr. Da sah ich ein gesatteltes, elegantes Reitpferd ohne Reiter hinter einem Wagen gehen. Ich verließ meinen Haflinger, band das Reitpferd los und wollte mich grad auf den Sattel schwingen, da erscholl der Ruf: »Pferdedieb!« – Das konnte tödlich ausgehen. Ich sprang hinter das Pferd und verschwand in der glücklicherweise finsteren Nacht. Meinen Haflinger fand ich bald wieder und quälte mich und ihn bis zum Morgengrauen, dann entließ ich ihn mit guten Worten und gesellte mich zur Masse des Fußvolkes. Da wurde ich von zwei Feldgendarmen angehalten und nach meinem Soldbuch gefragt. Nun stellten sie fest, daß ich mich »unerlaubt« (!) von meiner Truppe entfernt hätte. Ich sagte, daß sich diese in Nichts aufgelöst habe, weil der Krieg zu Ende sei. Darauf die Gendarmen: »Auf Verlassen der Truppe steht ›Tod durch Erschießen‹, ob im Einsatz oder auf dem Rückzug. Komm, Bürschchen, solche wie dich haben wir noch allemal an die Wand gestellt!« – Ich dachte, ich hörte nicht recht, und fing an, so laut ich konnte, auf sie loszubrüllen, daß sie wohl Dreck im Kopf hätten usw. – Da blieben andere neugierig stehen. Die hieß ich sofort bezeugen, daß sie schon vor mir »Hundertzwölfern« in Gruppen begegnet wären. Während sich diese dazu äußerten, war

ich schon hinter ihnen und verschwand in den formlos marschierenden Massen.
Es galt eben, allein schneller vorwärts zu kommen. So holte ich mir im nächsten Dorf ein Fahrrad. Dann traf ich einen Kameraden unserer Batterie, der schon Stunden vor mir ein Fahrrad ohne Bereifung aufgetrieben hatte, also auf blanken Felgen unterwegs war. Er freute sich, mich zu sehen, und machte den Vorschlag, gemeinsam weiterzufahren und jede Stunde kameradschaftlich die Räder zu tauschen. Ich ging gleich darauf ein. Fünf Minuten später war er weit vor mir. Ich sah ihn nie mehr wieder. –
Auf dem Holperpflaster von Boskowitz fand ich es schließlich doch besser, wieder zu Fuß zu gehen, und wiegte mich mehr und mehr im Freiheits- und Friedenstaumel: Alles wird wiederhergestellt werden. Die finster blickenden Tschechen werden sehen, daß die Deutschen, erst einmal von Hitler befreit, wertvolle Nachbarn sein können. Der Frieden wird allen Nationen wieder Freiheit, gesunde Wirtschaft und Menschlichkeit bringen. Mit beiden Händen in den Hosentaschen, Schlager pfeifend, schlenderte ich durch die Stadt. Die Sonne schien warm. Seit der Frühe hörte ich keinen Schuß mehr.
Auf einer Kreuzung sah ich von rechts einen Panzer einbiegen, gefolgt von zahlreichen LKWs mit aufgesessenen Mannschaften. Die vollen Straßen erzwangen ein Anhalten. Ich frug, wohin sie führen. »Über Iglau nach Budweis. Dort sammeln sich unsere Truppen zur ordentlichen Abrüstung und Waffenübergabe an die Amerikaner.« Das wird wohl nicht so einfach sein, dachte ich, aber diese schnellere Art, nach Westen zu kommen, schien mir jedenfalls die bessere. So sprang ich auf einen noch stehenden LKW und befand mich unter norddeutschen Grenadieren.
Nach zwei Stunden Fahrt auf staubigsten Straßen kamen wir nach Bystritz. Während eines staubedingten Anhaltens im Stadtbereich kam ein tschechisches Ehepaar zu meinem LKW und rief uns mit starkem Akzent zu: »Nicht weiterfahren! Vor nächste Ortschaft Kosaken machen Straßenfalle und schießen alle tot!« Die Antwort meiner Kameraden: »Schert euch fort, gemeines Tschechenpack!« Ich staunte wieder einmal über alle Maßen und sagte zu meinen Nachbarn, daß das doch sehr freundlich von diesen Tschechen

wäre, schließlich wären wir doch ihre Feinde. Der Kamerad: »Mit Tschechen rede ich nicht! Wir haben Befehl nach Budweis. Wenn man uns daran hindert, greifen wir zu den Waffen!« Noch standen die Wagen. Die Kolonne war sehr lang. Länger als eine normale Straßenfalle. Ich sprang ab und huschte auf den letzten LKW. Dort saßen auch Tiroler und Baiern.
Nach einer halben Stunde erreichten wir Waldland. Zu beiden Seiten der Straße waren Wiesenstreifen von etwa 80 m Breite. Vorne krachte es. Die Kolonne blieb stehen. Dem führenden Panzer wurde mit einem Schuß aus dem Wald eine Fahrkette abgeschossen. Die Straße war blockiert. Tiefe Straßengräben verhinderten das Wenden oder Ausscheren der LKWs. Von beiden Seiten hämmerten plötzlich Maschinengewehre. Aus unserer Bordwand flogen die Splitter. Erste Schreie von Verwundeten. Alles flitzte von den Fahrzeugen und rannte in breiter Front zum Waldrand. Aber aus diesem kamen in voller Breite die Kosaken mit schwarzen Pelzmützen und rotem Mützendach zum Nahkampf auf uns zu. Ich wollte mich mit der MP durchkämpfen, aber der Verschluß blockierte plötzlich. Ich konnte ihn mit bester Kraft nicht lösen. Zugleich erkannte ich, daß die Front der Kosaken nicht viel länger war als unsere Kolonne. Da rannte ich so schnell, daß mir sogar der tief sitzende Finnendolch aus der Scheide fiel, im Bogen um die Kosakenfront in den Wald, hinter mir noch etwa 30 Kameraden. Von den vielleicht 1000 Mann der Kolonne dürfte sonst kaum einer entkommen sein. In den Baumkronen krachte es, Granatwerfer schossen uns nach. Ich rannte weiter. Hinter mir die anderen.
Nach vielleicht 1 km Waldlauf im Gebiet der »Böhmisch-Mährischen Höhe« blieb ich stehen. Die anderen scharten sich um mich. Warum? Ich war der einzige Unteroffizier, von mir erwarteten sie sich Kommando und Führung in der Flucht. Ich sagte ihnen, daß wir ab jetzt keine Chance mehr hätten, in Gruppen oder Haufen durchzukommen. Das Land sei offensichtlich schon von den Russen besetzt, und die verfolgten alle deutschen Gruppen. Nur wer sich allein oder höchstens zu zweit absetzte, hätte Aussicht durchzukommen. Sie fragten, wohin sie gehen sollten. Niemand hatte Kompaß und Karten bei sich.
Nach kurzen Erläuterungen verabschiedete ich mich und wollte al-

leine weitergehen, aber alles folgte mir nach. Ich fing an zu laufen, alles rannte hinter mir drein. Der Abend brach herein, da verloren sie mich im Dunkel. Einige Male hörte ich noch Rufe wie: »Da ist er!«, »Dort drüben rennt er!« Dann war die Nacht so finster, wie sie es nur im Wald sein kann.
Ich wollte im Marsch nach dem Westen den Russen zuvorkommen und nahm an, daß die Amerikaner von Prag aus weiter nach Osten marschierten, so daß ich bald auf sie stoßen könnte. Den Süden Böhmens vermutete ich schon in russischer Hand.
Der Wald lichtete sich, ich kam auf ebene Wiesen. Gegen Mitternacht knarrt mir plötzlich ein hartes »Halt, wer da?« entgegen. Ich antworte sofort: »Losungswort unbekannt – nicht schießen – ich bin allein«. Darauf: »Kamerad, von wo kommst Du?« Ich: »3. GD, Regiment 112!« Darauf ein Auflachen und herzliche Begrüßung. Ich war auf den ganzen Regimentsstab der 112er gestoßen! Wie war das möglich?
Die Offiziere des Stabes fuhren am 9. Mai zu Mittag mit ihren Wagen nach Westen, solange ihr Benzin reichte. Aber keiner hatte eine Karte bei sich! Wer sonst als das Regimentskommando besitzt Landkarten über das Feindesland? Ich staunte erschüttert.
Nun wurde mir fast mein jahrelanger vormilitärischer und militärischer Drill zum Verhängnis: Ich meldete ihnen meinen Kartenschatz und fand nicht die Kraft, mich von ihnen loszusagen. Einige erinnerten sich sogar an meine Fronteinweisung und an meine merkwürdig gute Dienstbeschreibung. Ich war verzweifelt, denn ich fühlte mich gefangen. Alle wollten beisammen bleiben und sich mit Hilfe meiner Karten nach Österreich durchschlagen. Zum Glück erklärten sie mir aber auch, daß es unsinnig sei, in Richtung Prag zu marschieren. Die Amerikaner zögen sich nämlich bereits aus der Tschechei zurück, und die Tschechen selbst würden deutsche Soldaten, auch wenn sie sich als Österreicher erwiesen, fangen und sehr schlecht behandeln. Diese unschätzbare Information kam genau zur rechten Zeit!
Einer der marschierenden Offiziere, der Regimentsveterinär, hinkte. Er wurde von seinem Begleiter gestützt. Er hatte einen glatten Knöcheldurchschuß. Um 2 Uhr früh – es war nun schon der 11. Mai – bat dieser Offizier um eine kurze Rast; er könnte nicht

mehr. Man einigte sich auf eine Ruhepause von zwei Stunden. Posten wurden aufgestellt. Man fürchtete die tschechischen Patrouillen. Ich suchte mir daher ein so dichtes Gebüsch in diesem Augelände, daß mich bei einem Überfall in der Nacht niemand so leicht finden könnte.
Als ich von meinem tiefen Schlaf erwachte, stand die Sonne schon hoch am Himmel. Um mein Gebüsch herum war das Gras in weitem Umkreis niedergetrampelt. Sie mußten mich lange Zeit überall gesucht haben. Ohne eigenes Zutun war ich also von ihnen befreit und um die wichtigste Information bereichert.
Nun studierte ich die Karte. Ich mußte also nach Südwesten und sollte jede Begegnung mit Menschen meiden. Bald hatte ich mich auf der Karte orientiert und fand geeignete Strecken abseits von Siedlungen, gedeckt durch Wälder, Gräben, Hecken oder Moore. Das Wetter war ungewöhnlich schön und warm. Ich entdeckte die Schönheit dieser weit schwingenden Landschaft: Bewaldete Höhenrücken und Hügel und zwischen ihnen Wiesen und Felder, kleinere Sümpfe und Auen.
Am Nachmittag zischte es plötzlich in der Luft. Schon lag ich flach auf dem Boden. Es war aber kein Granatwerfer, der nach mir schoß, sondern eine Kette Rebhühner, die ich aufgestöbert hatte. Nachts ging ich nach dem Kompaß mit Leuchtmarkierung. Vor Morgengrauen schreckte in wenigen Metern Entfernung ein Rotwildtier auf. Mein Schrecken war sicher der größere.
Bei Tagesanbruch des 12. Mai kam ich zu einer Waldarbeiterhütte, die bewohnt sein mußte. Wäsche war zum Trocknen aufgehängt, vor dem Haus plätscherte der Brunnen. Ich war hungrig, denn mehr als einen Mundvoll täglich aus der Kartentasche durfte ich mir nicht vergönnen, um durchzukommen.
Ich klopfte ans Fenster. Nach Minutenlänge öffnete es sich. Ich stammelte: »Prosim chleb«. Ein junges Gesicht sah mich haßerfüllt an. Ich wiederholte: »Prosim chleb« (bitte Brot). Der Mann zog sich zurück, und ich hörte drinnen verhaltenes Getuschel. Lange Zeit. Es wurde mir unheimlich. Plötzlich flog ein halber Brotlaib vor meine Füße, begleitet von Schimpfworten. Ich schaute, daß ich weiterkam. Am Nachmittag erreichte ich eine Anhöhe bei Zirov-Pilgram. Von hier hatte ich eine weite Sicht über das Land

und konnte den Verkehr auf der Hauptstraße Brünn – Prag beobachten. Es sah hoffnungslos aus. Eine Stunde beobachtete ich. Die russische Truppenbewegung nach Prag, in Fahrzeugen und zu Fuß, riß nie ab. Sie war lückenlos. Nirgends Unterführungen oder Rohrdurchlässe, die zum Überqueren bei Nacht geeignet gewesen wären. – Zivilkleider! Ich brauchte Zivilkleider. Am Waldrand im Tal sah ich Spaziergeher. Sollte ich mich an einen heranmachen, um ihn »umzulegen« und die Kleider zu tauschen? Sollte ich Unrecht schaffen, wo ich Gnade brauchte? Es mußte anders gehen.
Bauern sind meist frömmer als Städter. Konservative Bauern frömmer als fortschrittliche. Fromme Christen müssen helfen, wenn sie um etwas gebeten werden. – Wo steht ein altertümliches Bauernhaus, abseits von Dorf und Weiler? Auf der Karte fand ich ein vereinzelt gelegenes, pirschte hin und sah den Misthaufen ohne betonierte Jauchengrube, das Obergeschoß aus altem, mürbem Holz, keine Traktorspuren etc. ... Hinein!
Eine alte Mutter schrie: »Jeschus-Mária!«, als sie mich deutschen Soldaten erblickte. Sie hieß mich aber dann Platz nehmen und warten, bis ihr Sohn kam. Nach einer Schale Milch fiel mir der Kopf auf die Tischplatte, und ich schlief ein. – Jemand rüttelte an mir. Vor mir stand ein großer Mann und sah mich finster an. Ich sagte, daß ich kein Nazi gewesen und erst 18 Jahre wäre und heim nach Österreich zu Vater und Mutter möchte. Ich brauchte einen zivilen Rock. Ich überließ ihm dafür meine Uniformjacke und die Pistole. – Er rührte sich nicht. Ich redete weiter... Plötzlich zischte er: »Ich hasse alle Deutschen!«, dann aber zeigte er auf das Kreuz im Herrgottswinkel und sagte: »Aber in Christi Namen, ich will helfen.« Dann noch: »Du wissen, wenn Nachbar sehen das, ich hängen auf Baum!« –
Wie gerne würde ich ihn heute wiedersehen, um mich zu bedanken!
Es schien mir nicht ratsam, die Hauptstraße über eingesehene Wiesen weglos zu überqueren; ich mußte also auf den Wegen bleiben. Auf einer Kreuzung durchschritt ich die russischen Kolonnen. Der Weg führte in ein Dorf. Überall standen Leute und schauten auf die vorbeiziehenden Truppen. Auf dem Dorfplatz wurde gesungen

und getanzt. Ich mußte mitten durch. Nicht zu schnell und nicht zu langsam. Auf neugierige Blicke antwortete ich fröhlich grüßend: »Nasdar – dober dan – dobry večer –«. Einige redeten mich an. Ich nickte nur lächelnd und schritt weiter. Gottlob brach schon der Abend an, und ich verschwand in der Dunkelheit.
In diesen Tagen vergönnte ich mir keinen Schlaf und keine Pause. Einige Male fiel ich im Gehen ohnmächtig nieder. Sobald ich wieder erwachte, marschierte ich weiter. Der Marschschritt hieß nicht mehr »links – rechts – links – rechts – – –«, sondern »nach – Haus – nach – Haus – nach – Haus –«. Wasser trank ich, soviel ich konnte, aus Bächen, Pfützen und Moorlacken. Vor meiner Frontabstellung hatte ich mich – im Unterschied zu vielen anderen – um keine einzige Impfung gedrückt. So konnte mir auch unreines Wasser wenig anhaben, außer heftigen Durchfällen.
Der Morgen des 13. Mai graute. Wenige Kilometer vor mir lag ein kleines Dorf. Welches? Die Orientierung gelang nicht mehr. Die Dorfbewohner, so dachte ich, schlafen sicher noch. So ging ich hinein, um die Ortstafel zu lesen. Sie war überschmiert und unleserlich. Da kam ein ganz alter, krummer Mann. Er wird mir helfen; er steht ja schon mit einem Bein im Grab. »Dobro jutro! Wie heißt das Dorf?« – Ich zeigte auf die Tafel und fragte noch einmal. – Keine Antwort, aber ein aufmerksamer, listiger Blick.
Ich zog rasch weiter. Nach einem Kilometer setzte ich mich an einen Bachrand. Die Füße schmerzten. Fast hätte ich mir schon die Schuhe ausgezogen. Nein, ich steckte die Füße lieber samt den Schuhen ins Wasser und studierte noch einmal die Karte. Plötzlich ratterte es aus einer Maschinenpistole. Die Kugeln knallten mir um die Ohren. Ich sprang auf, sah hinter mir zwei junge Männer, ganz nah. Der linke schoß und schoß. Ich flitzte zwischen die jungen Fichten, dem Altholz entgegen. Fast eine Stunde rannte ich, die Karte fest in der Faust. Keine Kugel traf mich. – Wieso??
Mittags erreichte ich einen Fluß. Die Orientierung gelang. Nach meiner Sprachgebietskarte mußte ich nun bald deutsches Gebiet nördlich Neuhaus' erreichen. Als ich am Nachmittag durch ein weites Moor zog, sah ich einen Mann torfstechen. Es mußte schon ein Deutscher sein. Ich rief ihn an und fragte ihn, ob in Wengerschlag Russen oder tschechische Patrouillen wären. Keine Ant-

wort. Er stach weiter. Näher gekommen, fragte ich wieder. Da drehte er sich um, sah halb an mir vorbei und rief mir zu: »Hört's, ergebt's euch; treibt's euch net allweil im Wald umadum! Ich will mit euch SS-Gfraster nix zu tun haben! – Verschwind!«
Wengerschlag, ein kleines, deutschböhmisches Bauerndorf, schien von Menschen verlassen. Bei einem Haus stand die Tür offen. Ich hörte Stimmen. Ein junger Mann und zwei Mädchen saßen in der Küche. Die Mädchen waren auffallend hübsch. Sie gaben mir Milch. Der Mann meinte, es sei unmöglich, durch die Wälder über die Grenze nach Österreich zu kommen. Die Tschechen haben alles abgeriegelt. Sie fingen alle! – Was tun? – Die einzige Möglichkeit, die bliebe, wäre der Weg durch Neuhaus. Ich solt auf der Hauptstraße mitten durch die Stadt marschieren und weiter auf der Hauptstraße über die alte Grenze nach Österreich. Zollhaus und Schranken wären noch nicht in Betrieb, würden aber in den nächsten Tagen besetzt werden. Die Mädchen nähten mir ein blau-weiß-rotes Bändchen für das Knopfloch am Kragen und suchten mir einen zivilen Hut. Sie meinten, ich solt zeitig in der Frühe losziehen und den Begegnenden »Nasdar!« zurufen. Die Jüngere lud mich ein, hier zu schlafen. Ich konnte, ich durfte nicht bleiben. Abends zog ich weiter. Bald erreichte ich die Hauptstraße. Um 10 Uhr sah ich den Lichtschein der Stadt. Sie war hell erleuchtet. Ein ungewohnter Eindruck nach all den Jahren strengster Verdunkelung. Überall ertönte Musik. Auf dem Hauptplatz wurde getanzt. Durch Lautsprecher hörte man in Abständen irgendwelche Ansagen, wahrscheinlich Siegesparolen.
Von vielen Auslagen prangten die Bilder von Lenin und Stalin oder von Benes und Masaryk. – Neuhaus lag zwar im deutschen Sprachgebiet, hatte aber schon seit 100 Jahren eine tschechische Majorität.
Alle Passanten trugen die blau-weiß-roten Bändchen. Ich hatte mir zwar die Militärhose zur Knickerbocker hochgebunden, aber meine Schuhe waren sehr unpassend: typische Gebirgsjäger-Goiserer mit schweren Schernken (Flügelnägeln) an den Sohlenrändern. Immer wieder spürte ich, wie sich die Blicke von Passanten auf meine Schuhe konzentrieren und ihre Gesichter versteinerten.
Ich stürzte mich in das dichteste Gewühl, wo die Blicke den Boden

nicht erreichten. Lustig gehen und dreinschauen, aber ja nicht hasten! – Nun galt es aber auch, beleuchtete, weniger bevölkerte Strecken im Stadtgebiet zurückzulegen und dabei interessierten Blicken auszuweichen oder Beobachter abzuschütteln. Richtungsänderungen, Durchhäuser und winkelige Gassen mußten helfen. Stets unauffällig bleiben, aber scharf beobachten – ein Eiertanz! Zwei Stunden Eiertanz, dann war die Stadt hinter mir. Ich blieb auf der Hauptstraße. Kein Fahrzeug, kein Mensch. Herrliche Stille und Nacht.
14. Mai. Der Morgen graute. Die Grenze mußte unmittelbar vor mir liegen. Motorenlärm! Ich drehte mich um: ein offener Omnibus voll bewaffneter Russen. Die Bremsen knirschten. Der Überfallswagen hielt neben mir. Der vorn sitzende Offizier rief mich an. – Was tun, ich versteh kein Wort! Ich zeigte auf mein Ohren, schüttelte Kopf und Hände und sagte mit hohler Nasenstimme: »Njet bonemai, njet bonemai!« Schließlich schüttelte auch der Offizier den Kopf und gab Befehl zur Weiterfahrt.
Vor mir die Grenze. Das Zollhaus wirklich unbesetzt. Ich hatte das Gefühl, über einen See mit hauchdünner Eisdecke gehen zu müssen. Nichts passierte. Ich war in Österreich! Nach ein paar hundert Metern marschierte ich doch wieder im Wald. Hier konnten keine Tschechen mehr sein. – Aber, wie stand es eigentlich mit Österreich?
Existierte es überhaupt? Da fand ich Flugzettel, mitten im Wald: »Die Regierung der Sozialistischen Sowjetrepubliken begrüßt das neue freie Österreich mit seiner provisorischen demokratischen Regierung: Karl Renner, Bundespräsident, Ernst Fischer, Kanzler (KPÖ) – Adolf Schärf, Vizekanzler (SPÖ) – Leopold Figl, 2. Vizekanzler (ÖVP, ehem. christlich-sozial), ...«
So oder ganz so ähnlich stand es hier schwarz auf weiß! Ergriffen hielt ich den Zettel in den Händen und fiel in eine Art Betrachtungsstarre. – Was hieß das nun wirklich? – Wir haben schon einen Staat – also ein Recht. Das heißt doch auch: Schutz des Staatsbürgers. Ich bin doch Österreicher; was geh ich da noch über Stock und Stein durch den Wald wie ein Ehrloser? – Jetzt geh ich auf der Straße, ein stolzer Österreicher, Bürger eines souveränen

Staates! – Und herrlich ging sich's auf der Straße nach Litschau im Waldviertel.

Es war zwölf Uhr Mittag. Da kamen mir zwei Russen auf Rädern mit MPs entgegen. Ich schaute sie freundlich an. Wie sie sich wohl fühlten? Unsere Befreier. Die sprangen aber vor mir von den Rädern, und einer sagte forsch: »Papiri!«

Aus war's. Jetzt konnten Bruchteile von Sekunden entscheiden. Hilfe! – – – Ich war ein Idiot, auf die Straße zu gehen! – Nach all dem in der Heimat gefangen! Ich Idiot!

Ich bin ein Idiot: Ich verdrehte die Augen – schielen konnte ich immer gut –, verzog zum Sprechen das Gesicht und brachte mit stöhnendem Gestotter mühsam die Worte »vadu domu – na domu – domu –« heraus, mit ausladenden Gesten in meine Richtung weisend. Der andere Russe sagte sofort: »Du Soldat!« mit Blicken auf meine Schuhe, »du mitkommen, Lager, Marsch!« Ich vermehrte meine idiotischen Symptome durch leichtes Torkeln, bis endlich der rundlichere mit einem Blick auf die Uhr zu seinem eifrigen Kameraden so etwas wie »Mittag ist's, gemma essen!« sagte, auf russisch. Da bestiegen sie ihre Räder und fuhren grußlos davon. Mit einem Satz hatte mich der Wald wieder.

Bei den ersten Häusern vor Litschau erfuhr ich von den Plünderungen, Vergewaltigungen und den besoffenen Schießereien der russischen Besatzer. Man versicherte mir aber, daß in den Ortschaften und den öffentlichen Verkehrsmitteln niemand gefangen würde. Also ging ich zum Bahnhof und erreichte einen Zug nach Gmünd. Dort standen viele deutsche Offiziere am Bahnhof und warteten auf irgendwelche Züge. Der Bahnhof war übersät mit Geldscheinen. Ich sammelte eine Menge davon. Die Offiziere sagten, die Reichsmark wäre außer Kurs, und fanden meine Handlung würdelos!

Ein Zug ging ab nach Tulln, der erste seit Kriegsende. Aber er fuhr nicht weit. Die Schienen waren unterbrochen; also zurück nach Gmünd. Von dort fuhr er über Weitra nach Süden. In Langschlag stieg ich aus, weil ich nach Linz wollte. Da ich auf den Straßen außerhalb der Orte die Russen fürchten mußte, zog ich wieder in den Wald. Am Abend erreichte ich Sandl. Dort erfuhr ich, daß die Demarkationslinie zwischen Russen und Amerikanern

über Freistadt verliefe und daß es sehr schwer wäre, sie zu überschreiten.
In der Nacht marschierte ich bis zu einem Hügel nordwestlich von Freistadt, von dem aus die Grenzlinie, die auf einem Bahndamm verlief, einsehbar sein mußte. Im Morgengrauen des 15. Mai erstieg ich einen Baum und sah, daß die Russen in regelmäßigem Rhythmus auf dem Damm auf und ab patrouillierten. Von Amerikanern war nichts zu sehen. In der Mitte des Sichtfeldes gab es einen Graben, der sich nach einem Rohrdurchlaß hinter dem Bahndamm fortsetzte. In diesem Graben konnte ich gedeckt bis auf 80 Schritte an den Bahndamm herankommen. Als die Patrouille vorbei war, schlich ich weiter und kroch in den Durchlaß, gebückt, bis zu den Knien im Wasser. Hier wartete ich, bis ich ober mir wieder die Schritte der Wachen hörte. Nach dem Patrouillenrhythmus hatte ich jetzt etwa eine Minute Zeit, im Rücken der Wachen den Waldrand auf der anderen Seite zu erreichen. Ich rannte offenbar zu laut, denn schon nach wenigen Sekunden hörte ich ein hartes »Stoi!« hinter mir. Der Wald war nicht mehr weit. Ein Schuß krachte – und noch einer. Ich bückte mich im Laufen, um eine dort liegende Decke aufzuheben, und erreichte unversehrt den Waldrand. Die Decke tat mir noch lange gute Dienste.
Weiter ging's. Hinter Sträuchern versteckt, beobachtete ich die ersten Amerikaner. Sie bewegten sich etwas anders als unsereins oder die Russen; mehr wie Gummikatzen, schien mir. In Preising bei Altenberg schlief ich bei einem Bauern auf Stroh. Ich bekam Brot und Most. Der Bauer war sehr philosophisch. Es war sehr schön, ihm zuzuhören.
Am Morgen des 16. traf ich bei Altenberg vor Linz zwei Heimkehrer, die mir dringend abrieten, nach Linz zu gehen. Die Amerikaner würden alle Heimkehrer auf der Donaubrücke fangen und den Russen übergeben. Die einzige Möglichkeit, über die Donau zu kommen, bestünde in Ottensheim. Die dortige Fähre würde noch nicht kontrolliert. Aber auch hier wäre Eile geboten, denn in Kürze sollte das Land nördlich der Donau den Russen überlassen werden. Bis Wels dürfte man den Amerikanern nicht sagen, daß man von der Ostfront käme; man könnte den Russen ausgeliefert werden.

Am Nachmittag fand ich die Fähre. Bei Einbruch der Dunkelheit löste sie sich vom Ufer, mit Heimkehrern so überladen, daß die Bordwand nur noch handbreit über das Wasser ragte. Als ich das andere Ufer betrat, überkam mich ein unsagbares Glücksgefühl. Ich wollte schreien. Ein halb mißlungener Jodler brachte mich wieder auf die Erde. Ich wickelte mich in meine Decke und schlief.
Am 17. marschierte ich über die grüne Flur nach Wels. Bei einem großen Vierkanthof konnte ich so viel Kartoffeln essen, wie ich wollte. Am Bahnhof fand ich einen Zug nach Attnang. Von dort zu Fuß über den zerbombten Bahnkörper nach Vöcklabruck. Zwischen den Gleisen sah ich eine unbeschädigte Leuchtbombe liegen. Ich wußte, daß sie einen Fallschirm aus Seide enthielt und daß ihr Leuchtsatz nicht explodieren konnte. So machte ich mich an die Arbeit und zerschlug sie auf einer Schiene – unter lautem Protestgeschrei der Bewohner des Hauses daneben, die um Gut und Leben bangten. Aus dem Stoff bekam meine Schwester später eine Bluse.
Von Vöcklabruck ging kein Zug nach Salzburg. Aber ein Lastenzug voll deutscher Kriegsgefangener stand in diese Richtung. Die Wagentüren standen offen, amerikanische Wachen schritten auf und ab. In der Abenddämmerung schlich ich mich an, kroch unter einen Waggon und fragte durch die offene Türe, wohin es ginge. »Nach Braunau in ein Hungerlager!« hieß es. Da sprang ich in den Viehwaggon, denn ich wußte, daß der Zug in Steindorf halten mußte, um rücklings nach Braunau weiterfahren zu können. Die Gefangenen hielten mich für einen Wahnsinnigen. Ich sagte, wenn ich unbemerkt hereingekommen wäre, würde wohl das Hinaus auch gelingen, schon gar bei Nacht. »Sie werden dich niederknallen wie einen Hund!« meinten die Kameraden. – In Steindorf hielt der Zug. Im Rücken der Wachen glitt ich aus der Wagentüre unter den Zug und kroch zu seinem unbeleuchteten Ende. Von dort entkam ich in die finstere Nacht.
Ich war müde und wollte nicht weitermarschieren. Es war ja auch nächtliche Ausgangssperre verhängt worden. Auf jeden sollte geschossen werden, der nachts auf den Straßen war. Ich klopfte bei den nächsten Häusern. Zinskasernen. Kein Mensch ließ mich ein, auch nicht ins Stiegenhaus. In einem Schuppen fand ich auf einem

Haufen Brennholzscheitern Platz und schlief so gut und lang, daß ich den Zug nach Salzburg versäumte. Es war der einzige an diesem Tag, dem 18. Mai. Wahrscheinlich war das mein Glück, denn die Züge wurden von Amerikanern nach Soldaten durchkämmt.
Also noch dieser Fußmarsch. Als ich in Henndorf um die Biegung kam, standen Amis vor mir und wollten Papiere sehen. Ich sagte: »Lächerlich, ich bin doch hier zu Hause!« Sie sagten: »Du Soldat, du Lager, dann Entlassung!« Sie hießen mich neben ihnen in das Wirtshaus gehen und dort auf den Abtransport warten. Drinnen war alles voll mit meinesgleichen. Deprimiert warteten die Männer auf das Lager. Da entwich ich lautlos durch eine hintere Öffnung des Hauses.
Salzburg kam immer näher. Meine Augen konnten sich nicht sattsehen an den Konturen des Untersberges, dann der Festung und schließlich der Stadt, deren Bild damals noch von den Kirchtürmen und nicht von den Hochhäusern bestimmt war.
In der Mitte der Staatsbrücke kam mir meine Mutter entgegen. Die Leute blieben stehen und nahmen Anteil an unserem Wiedersehen.
P.S: Ich versichere, daß ich diesem Bericht nichts angefügt habe, was ich nicht wirklich selbst erlebt habe.
Diesem Bericht des Sohnes sei noch die Beschreibung des Wiedersehens aus der Perspektive der Mutter angefügt: Als ich am 18. Mai über die Staatsbrücke ging, sah ich einen jungen, unrasierten Mann lachend auf mich zukommen. Aber die Mutter hatte es noch nicht erfaßt, daß das ihr Sohn sei. Zu stark hatte sich das Gefühl der Hoffnungslosigkeit – zumindest auf seine baldige Rückkehr – in ihr festgesetzt. Wortlose Umarmung und ein gerührtes Stehenbleiben der Vorübergehenden, die sofort erfaßten, daß sich wenigstens in diesem Falle eine Heimkehr glücklich vollzogen hatte. –
Später zeigte es sich, daß alle seine Kameraden, die in Gruppen zu 20 bis 100 Mann zusammen den gefährlichen Rückzug angetreten hatten, um sich gegenseitig zu schützen, entweder fielen oder in jahrelange Gefangenschaft nach Sibirien kamen. Nur einem einzeln Gehenden konnte das Durchkommen zwischen all den Feinden gelingen!
Glück und eine gewisse Portion Frechheit, auch ein großes körper-

liches Durchhaltevermögen ermöglichten die neun Tage dauernde Flucht von Olmütz nach Salzburg, die Till Eulenspiegel wahrscheinlich in derselben Art hinter sich gebracht hätte.
Im Jahre 1980, also nach 35 Jahren, brachte der Zufall diesen aus so vielen Fährnissen zurückgekehrten Soldaten in dieselbe Gegend, die er am Anfang seiner Flucht gesehen hatte. Er erinnerte sich zwar nicht mehr der Ortsnamen, aber er erkannte das Ortsbild. Eine Einladung polnischer Forstleute brachte österreichische Kollegen nach Krakau und in die weitere Umgebung, um die dortigen Forsteinrichtungen kennenzulernen. Sie wurden freundlichst herumgeleitet, und damit wurde wieder bewiesen, daß friedlicher Wissensaustausch zwischen den Völkern stets erstrebenswerter ist als Landnahme!

Der Sohn

Die weite Reise
eines Salzburger Jagdbildes

Erzählungen werden meistens mit Bemerkungen ausgeschmückt, die zur Tatzeit nicht gesagt wurden, die aber später als Beweis der Voraussicht des Beteiligten eingefügt werden. Die Schreiberin dieser Zeilen verbürgt sich für die volle Wahrheit des selbst Gehörten und Erlebten.

März 1938: Deutsche Truppen marschierten auf verschiedenen Straßen in die Stadt Salzburg ein. Fahnen und Jubel. Die sonst am politischen Geschehen kaum anteilnehmenden Salzburger waren damals nicht wiederzuerkennen. Die anders Denkenden und Fühlenden zogen sich angesichts dieser Brandung stumm zurück. Ihre Hoffnung bestand nur in der Überlegung, daß die unmißverständlichen Parolen dieser dynamischen Bewegung sehr bald zu einem Kriegsausbruch führen würden, der bei der geographischen Lage Deutschlands wieder die Einschnürung des Reiches bedeuten würde.

Gleich nach dem Truppeneinmarsch beriet die neu ernannte Stadtverwaltung, was man Hitler und Göring anläßlich ihres bevorstehenden ersten Besuches als Geschenk der »befreiten« Stadt überreichen könnte. Dr. Josef Mühlmann schlug ein 2x2,5 m großes Jagdbild aus dem Besitz der Erzabtei St. Peter für Göring vor. Auf dem von C. P. List um 1680 gemalten Jagdstück sieht man den Jagdherrn, der die Züge des Erzbischofs Max Gandolf Kuenburg trägt, von der Strecke umgeben, die ein Jäger gefällig auf den Boden um ihn verteilt hatte.

Görings Vorliebe für die Jagd war bekannt, und man fand in diesem riesigen Gemälde sicher das beste »Jagdstück« des Landes, das sogleich seinen Weg in die »Schorfheide«, den pompösen Jagdsitz Görings, antrat. Obwohl der Krieg noch nicht ausgebrochen war, schien es nun für Salzburg endgültig verloren.

Jahre später: Deutschland stand bereits mit Amerika und Rußland im Krieg und hielt nun eiserne Wacht vom Atlantik bis zum

Schwarzen Meer. Da begegnete die Schreiberin auf dem Residenzplatz dem bekannten Jagdschriftsteller und Schloßbesitzer von S., dem Grafen W.I.U. Zuerst kam eine Erkundigung nach dem Befinden seiner Frau, die halbwegs heil aus einer politischen Haft zurückgekommen war, dann wurde schnell das unerfreuliche Thema gewechselt, und man sprach von einem Jagdbild, das im Handel aufgetaucht – aber unbedeutend im Vergleich zu jenem verschenkten – war, das Graf U. aber nicht kannte und von dessen Verschenkung er auch nichts wußte. Er wünschte, davon ein Foto zu sehen. Merkwürdigerweise hatte die Schreiberin zufällig eines in ihrer Brieftasche, das sie einige Tage vorher in einer alten Zeitung entdeckt und ausgeschnitten hatte. Graf U. begutachtete die Wiedergabe, und als Ergebnis fiel der damals geradezu ungeheuerliche Ausspruch: »Dieses Bild wird nach Salzburg zurückkommen und wird in Schloß S. hängen!« Auf so eine Rede konnte man nur kopfschüttelnd lächeln. Da bekräftigte Graf U. seine Behauptung mit dem noch unglaublicheren Satz: »*Kontinente kämpfen, um dieses Bild nach Schloß S. zu bringen!*«

Bei späteren Begegnungen wurde dieses Thema nur lächelnd gestreift, denn mit der schwindenden Kraft des »Reiches« konnte es doch seiner Ansicht nach keinen Zweifel mehr über die Einkehr des Bildes in die Gemäldesammlung des Schlosses geben.

Im Mai 1945 besetzten die Amerikaner Salzburg. Viele Wohnungen mußten geräumt werden, um ihnen Quartier zu geben. Einige wenige Gebäude aber waren durch eine Tafel vor Beschlagnahme gefeit. Auf ihr stand: »Off Limits«. Aber die Erzabtei St. Peter hatte sie *nicht!*

Denn im März 1942 mußte das Kloster von den Mönchen geräumt werden, um NS-Ämtern Platz zu machen, die nun leer standen. Da bei Kriegsende viele der eingerückten Kleriker noch nicht aus dem Krieg zurückgekehrt waren, sah sich der alte Abt im fast leeren Klostergebäude nur von wenigen greisen Patres umgeben und dadurch einer neuerlichen Beschlagnahme ausgesetzt.

Nun kam Graf U., der gut Englisch sprach, eine geniale Idee, um das zu erreichen, was in erster Linie notwendig war, sollte er Anspruch auf das Jagdstilleben erheben können – nämlich, das Anrecht dazu in den Händen zu haben. Er ging zum Erzabt und trug

ihm folgenden Vorschlag vor: Die Abtei würde das so begehrte Schild »Off Limits« durch seine Vermittlung bei den höchsten amerikanischen Militärbehörden bekommen, was mit vielem Antichambrieren und dem Nachweis seiner guten Vorkriegsbeziehungen zu prominenten Amerikanern sicher zu erreichen wäre. Als Gegenleistung erbitte er sich, ihm den Anspruch auf das Bild schriftlich zu bestätigen. Da nun der damalige Abt wiederholt bewiesen hatte, daß er kein Kunstliebhaber war, und auch wie jeder andere Mensch annahm, das Gemälde wäre bei der erfolgten Verwüstung des Besitzes von Parteigrößen – schon gar, wenn sie, wie Schorfheide, im Osten lag – sicher zugrundegegangen, konnte er leichten Herzens zustimmen. War es doch für ihn viel wichtiger, das Schutzschild »Off Limits« zu bekommen, als ein sicher nicht mehr erreichbares Gemälde. Er trat den Anspruch der Erzabtei auf das Jagdbild an Graf U. ab und erhielt schon bald die Berechtigung, das »Off Limits« an der Eingangstür anzubringen.
Wieder wollte es der Zufall, daß die Schreiberin dem glückstrahlenden Grafen begegnete. Dieser kam gerade von seinem Besuch beim Erzabt aus dem St. Peter-Bezirk heraus und zeigte ihr wortlos den Überlassungsschein. Jetzt konnte für Graf U. die Jagd auf das seltene Bild beginnen, das verschleppt oder zugrundegegangen sein konnte. Aber zu dieser Zeit herrschte überall gänzliche Unkenntnis über *alle* Ereignisse während und nach dem Zusammenbruch des Dritten Reiches; wozu auch die Postsperre nach Deutschland beitrug. Vorläufig konnte daher nichts zur Wiedererlangung des Bildes unternommen werden.
Als die chaotischen Verhältnisse sich milderten, begann Graf U., alle amerikanischen Behörden – direkt oder über Mittelsmänner – mit Fragen um Auskunft nach dem Verbleib dieses Bildes zu bombardieren. Da es seinerzeit von der Nationalsozialistischen Partei beschlagnahmt und nicht auf dem Kaufweg vom Kloster erworben worden war, konnte nach amerikanischem Recht jetzt jeder solcherart Geschädigte die Rückgabe beanspruchen.
Nach fast zwei Jahren kam dann die Nachricht, es wäre gefunden worden. Es befände sich bereits in Amerika, wo es aber durch Verkauf bereits durch mehrere Hände gegangen wäre. Die ungewöhnliche Größe des Gemäldes und jener damals übergebene Zeitungs-

*Nora Watteck in der Kunst- und Wunderkammer des Salzburger
Dommuseums, im Hintergrund das »Jagdbild«*

ausschnitt mit der Abbildung des Gemäldes hatten die Nachforschungen erleichtert, wenn nicht überhaupt ermöglicht.

Die Schwierigkeiten, es in Amerika loszueisen, um es rückführen zu können, müssen so groß gewesen sein, daß Graf U. erst gar nicht mit deren Aufzählung begann, sondern vorhatte, sie als die größte, längste und aufregendste Jagd seines Lebens selbst niederzuschreiben. Er, der bekannte Sammler und Jagdschriftsteller, der Safaris in Afrika mitgemacht hatte, empfand den Kampf um dieses Bild selbstverständlich als ein Jagderlebnis.

Und so kam das größte Jagdbild Salzburgs wieder über den Ozean nach Europa, über die Landesgrenze Salzburgs und wurde den Hügel zu Schloß S. hinaufgefahren, wo es mit einer ausholenden Begrüßungsgeste vom Schloßbesitzer lächelnd in Empfang genommen wurde.

Er hatte es ja sofort erkannt, daß Kontinente gegeneinander kämpften, damit dieses Bild hier einkehre!

Nach seinem Tode erfuhr die Erzabtei durch die Tochter Görings von der Möglichkeit, es von ihr zurückkaufen zu können. Man ging auf diesen Handel ein. Dieses Bild ist nun im Salzburger Dommuseum als Leihgabe der Erzabtei St. Peter zu sehen.

Nachwort

Diese Aneinanderreihung von Episoden aus Salzburgs Vergangenheit wurde ohne allen literarischen Ehrgeiz geschrieben. In einfacher Erzählform sollen sie Blitzlichter auf die vielen Facetten werfen, die eine Stadt bietet. Sie stellen keinen Versuch dar, sich moderner Ausdrucksweise zu bedienen.

Nora Watteck

Bildnachweis

Coreth: 23, 45
Salzburger Museum C.A.: 17 (2), 27, 29, 37, 61, 81
Universitätsbibliothek Salzburg: 19, 45
Watteck: Titelbild, 11, 13, 45, 54, 55, 67, 77, 80, 91, 101

Weitere volks- und heimatkundliche Bücher im Verlag Alfred Winter, Salzburg:

IN SALZBURG ERZÄHLT MAN
NORA WATTEK

2. Auflage
111 Seiten, viele Abbildungen, Format 14,5 x 22 cm, brosch., Preis: öS 128,— / DM 18,50
ISBN 3-85380-027-0

Nicht immer sind es die hieb- und stichfesten Tatsachen, die als Einzelgeschehnis über eine Persönlichkeit oder Zeitspanne aussagen, vielmehr ist es ihre Ausschmückung durch die Zeitgenossen oder unmittelbaren Nachfahren, die durch ihre legendenhafte Schilderung nicht nur ein farbiges Bild der Episode, sondern auch einen kulturgeschichtlich bezeichnenden Einblick in vergangene Jahrhunderte ermöglicht.

SALZSCHIFFER- UND SCHIFFERSCHÜTZEN LAUFEN-OBERNDORF
DOKUMENTATION KARL ZINNBURG

Ca. 400 Seiten, viele teilweise farbige Abbildungen. Format: 17 x 23,5 cm, Leineneinband mit Goldprägung, farbiger Schutzumschlag, Preis: öS 385,— / DM 55,—
ISBN 3-85380-008-4

Karl Zinnburg hat in den letzten Jahren ein umfangreiches Material über die »Salzschiffer und Schifferschützen« gesammelt und legt nunmehr zum 700jährigen Bestand dieser wahrscheinlich ältesten deutschsprachigen Vereinigung (31. Jänner 1978) dieses Dokumentationswerk vor.

In diesem Buch wird von der Gründung (1278) an, über die mühevolle Arbeit, das Leben und die Bräuche der »Schöffleut« berichtet, wie über die kulturelle Entwicklung. Der Autor weist nach, daß die »Schöffleut« auf der von ihnen bereisten Strecke auch Briefe übermittelt haben und so Vorläufer des bayrischen und österreichischen Postwesens waren. Hervorgehoben werden auch alle jene Persönlichkeiten, die das »Schifferschützenkorps« durch ihre Arbeit bis in unsere Zeit erhalten haben.

FRÖHLICHE VOLKS- UND BAUERNSPIELE
FRANZ KOPP

2. Auflage, 100 Seiten, illustriert, Format 13 x 16 cm, Leinenband mit Farbprägung, Schutzumschlag, Preis öS 98,— / DM 14,—
ISBN 3-85380-013-0

Die erste Ausgabe dieses Buches (»Alpenländische Bauernspiele«) erschien im Jahre 1925 und ist nunmehr seit 20 Jahren vergriffen. Da das Interesse an diesen Spielen nun wieder erwacht, wurde der Autor Franz Kopp ermuntert, sein ursprüngliches Manuskript zu ergänzen und zu erneuern.

SALZBURGER TÄNZE
ILKA PETER

180 Seiten, 30 teilweise farbige Bilder, Tanzzeichnungen von Hilde Seidl, Notenbeispiele und Bodenwegzeichnungen, Format 17 x 23,5 cm, Balacronband mit Goldprägung, Schutzumschlag, Preis: öS 162,— / DM 23,—
ISBN 3-85380-001-7

Ilka Peter, eine der bedeutendsten Volkstanz-Expertinnen Österreichs, hat in diesem Buch 72 Volkstanz-Formen des Landes Salzburg beschrieben, die sie in jahrzehntelanger Arbeit erfaßt hat.

»Alles in allem: ein in jeder Hinsicht erfreuliches Buch, das eine empfindliche Lücke in der Volkskunde-Literatur unseres Landes schließt.«

Wilhelm J. Steiner, Salzburger Nachrichten.

SO SAG ICH'S MEINER TOCHTER
ÖSTERREICHISCHES KOCHBUCH
VALERIE STUPPÄCK mit Zeichnungen von Alice Cermak

3. Auflage, 216 Seiten, 16 Farbtafeln, Format 16 x 23 cm, Snolinband, farbiger Schutzumschlag, Preis: öS 218,— / DM 30,—
ISBN 3-85380-012-2

Dieses Kochbuch ist nicht für ausgesprochene Austernesser, aber auch nicht für Spareintopfköchinnen gedacht.

Es ist ein Querschnitt durch das Jahr, enthält Festliches wie Alltägliches, wie man eben Speisen in einem bürgerlichen österreichischen Haushalt von heute gerne hat.